차례

이 도서의 국립중앙도서관 출판시도서목록(CIP)은 서지정보유통지원시스템 홈페이지(http://
seoji.nl.go.kr)와 국가자료공동목록시스템(http://www.nl.go.kr/kolisnet)에서 이용하실 수
있습니다. (CIP제어번호 : CIP2013022963)

서울연구원 미래서울 연구총서 03

전환도시

이유진 지음

한울
아카데미

차례

서문

필자는 '지속가능한 사회'와 '에너지 전환'을 주제로 연구와 활동을 하고 있다. 이 문제에 관심을 갖기 시작한 초기에는 석유나 핵에너지를 하루 빨리 재생가능에너지로 전환하는 것이 답이라고 생각했다. 그러나 정부 지원을 받아 태양광발전기를 사용하는 그린빌리지에서 전기 소비가 늘어나고, 태양광발전기로 '탄소 제로'를 선전했던 마라도가 전기차로 인해 오히려 석유 의존도가 높아지는 것을 보고 생각이 달라졌다. 에너지원 전환만큼이나 에너지를 얼마나 사용하고 어떻게 쓰는가가 더 중요하다는 것을 깨달았다.

에너지를 생산하고 소비하는 방식도 중요했다. 대형 핵발전소와 화력발전소에서 전기를 생산하는 것보다 지역에서 필요한 전력을 가스복합화력발전이나 재생가능에너지로 직접 생산하는 방식이 더 지속가능하다. 지역에너지는 송배전 거리를 줄여 에너지 효율을 높이고, 갈등도 줄일 수 있다. 지역에서 생산한 지역먹을거리(Local Food)가 농업의 대안으로 떠오르듯이 지역에서 수요를 관리하고 에너지를 생산해 자립도를 높이는 지역에너지(Local Energy)가 대안이 될 수 있는 것이다.

2008년에 국내외 에너지 자립마을과 지역에너지 정책에 대한 이야기를 모아 『동네에너지가 희망이다』를, 2010년에 『태양과 바람을 경작하다』라는 책을 펴냈다. 책을 준비하면서 자료를 찾다 전환마을 토트네스(Totnes)를 만났다. 먼저 '전환'이라는 단어가 눈에 들어왔다. 전환마을을 짧게 정의하면 '기후변화와 피크오일(Peak Oil)에 대한 공동체의 대안'이다. 생태마을이 마을 '환경'의 지속가능성과 순환을 강조한다면 전환마을은 '에너지'의 지속가능성을 높이기 위한 삶의 전환에 중심을 두고 있었다. 기후변화나 피크오일에 대해 걱정만 하지 말고 지금 당장 계획을 세워 실행에 옮기자는 것이다. 신나고 열정적으로 대안적 삶을 사는 공동체를 만난 것이다. 알고 보니 토트네스는 2008년 SBS 〈행복실험실 토트네스〉로 방송된 적 있는 이름난 마을이었다.

이후 전환마을운동을 시작한 롭 홉킨스(Rob Hopkins)가 쓴 『전환마을 핸드북(The Transition Handbook)』과 토트네스 석유 독립계획을 담은 '에너지 하강 행동계획 2030'을 구해 읽었다. 마침 『태양과 바람을 경작하다』가 간행물윤리위원회 우수저작 지원금을 받게 되면서 2010년 10월 토트네스를 직접 방문했다. 머무르는 동안 부지런히 사람들을 만났고, 마을 곳곳에서 진행되는 전환 프로그램에 참여했다. 또 우프(농장에서 일을 하고, 숙소와 먹을거리를 제공받는 프로그램)로 캐시 아주머니 집에서 머물면서 '토트네스에서 산다는 것'에 대해 경험할 수 있었다. 토트네스는 먹을거리, 에너지, 경제, 문화가 살아 있는 마을이었다. 시내 식당과 상점 어디서든 신선한 유기농 지역농산물을 접할 수 있었고, 에너지 위기에 대비한 2030년 석유 독립계획을 갖고 있었다.

  석유로부터 독립을 준비하는 마을인 토트네스는 우리 사회에서 낯선 이야기이다. 우리 사회가 유독 에너지 문제에 둔감하기 때문이다. 중앙정부가 에너지 정책을 주도하기 때문에 지자체나 시민들의 관심이 덜하다. 정부가 알아서 살아가는 데 필요한 전기, 석유, 가스를 공급해줄 것이라고 믿고 있기 때문이다. 그런데 2012년 4월, 박원순 서울시장은 '원전하나줄이기' 정책을 발표하면서 지자체로서는 드물게 환경정책의 최우선 순위를 에너지로 삼았다. 더불어 노원구에서 주도한 '탈핵에너지 전환도시' 선언으로 46개의 기초지자체가 에너지 전환 정책을 시도하고 있다. 녹색당이 창당했고, 탈핵을 추구하는 시민사회의 활동도 활발하다. 이는 2011년 3월 11일 후쿠시마 원전사고 이후 높아진 핵에너지에 대한 우려와, 9월 15일 발생한 대정전으로 도시의 에너지 공급 취약성에 대한 관심이 높아졌기 때문이다.

이처럼 우리 사회에서도 정당이나 지자체, 시민 차원에서 에너지 정책에 대한 관심이 높아지면서 '에너지 전환'을 위한 토대가 만들어지고 있다. 필자는 지역에너지 정책이 현실화되면서 서울시 희망정책자문위원으로 '원전하나줄이기' 정책수립에 참여했고, 지금은 '원전하나줄이기' 실행위원으로 일하고 있다. 더불어 동작구 성대골의 에너지 자립마을 만들기 활동을 돕고 있다. 이후 서울시에서 '전환도시' 계획을 수립하는 과정에 참여하면서 이 책을 쓰게 되었다.

전환도시 서울, 가능한 것인가? 공무원들도 '전환도시' 개념이 익숙지 않은데 어떻게 시민들과 함께 비전을 세울 수 있을까? 롭 홉킨스는 인구가 8,500명인 토트네스에서 전환마을을 시도했고, 서울은 인구가 1,000만 명이다. 거칠게 추산해 1,000배가 넘는 서울을 전환도시로 만들 수 있을까? 서울을 전환도시로 만든다면 도대체 어디서부터 시작해야 하나? 우리 앞에 많은 질문이 있다. 그러나 이건 꼭 규모의 문제만은 아니다. 토트네스에 닥칠 석유고갈과 에너지 위기가 서울이라고 비켜간다는 보장이 없다. 서울과 같은 대도시는 오히려 에너지 위기에 더 취약할 수 있다. 그렇기 때문에 토트네스를 거울삼아 서울에 적합한 전환계획 수립이 필요한 것이다.

이 글은 '전환도시 서울'의 밑그림을 그리기 위한 기본 내용을 정리한 글이다. 전환마을의 철학과 토트네스 이야기, 서울의 원전 하나줄이기 정책과 전환마을운동이 어떤 연결고리를 가지고 있는지, 서울에 전환의 싹은 없는지, 전환도시 서울에 대한 계획을 세우기 전에 준비할 내용 등을 제안하고 있다. 이 책을 통해 독자들과 함께 질문을 던지고, 해답을 찾아갔으면 좋겠다. 먼저 이 운동을 시작한 롭 홉킨스와 토트네스에 고마움을 표한다. 더불어 글을 쓸 기회를 주신 서울연구원과 토트네스에 대한 고민을 함께 해준 수산이에게 감사의 마음을 전한다.

1

왜 전환도시인가?

뮤지컬 〈유린타운〉의 교훈

〈유린타운〉이라는 뮤지컬이 있다. '오줌마을'이라는 뜻의 '유린타운'은 물이 너무 부족했다. 그래서 개인 수세식 화장실을 모두 폐쇄하고, 용변을 보려면 '유린굿컴퍼니'라는 기업에 돈을 지불하도록 되어 있다. 시간이 지나면서 '유린굿컴퍼니'가 화장실 사용가격을 점점 인상하면서 사람들이 불만을 쏟아내기 시작했다. 의협심 많은 청년 바비는 '유린굿컴퍼니'의 악덕기업주 클래드 웰에 맞서 싸우지만 살해당한다. 결국 바비의 연인이자 클래드 웰의 딸 호프가 아버지를 몰아내면서 사람들은 마음껏 배설할 수 있는 권리를 갖게 된다.

이야기가 여기서 마무리되면 보통 사람들이 나쁜 기업을 물리친 정의로운 성공담이 되겠지만 결론은 충격적이다. 뮤지컬에 나온 등장인물들이 〈유린타운〉의 생태적 한계를 넘어선 오염으로 인해 모두 사망한 것이다. 유령도시가 된 무대 위로 내레이션이 흘러나온다. "호프는 유린타운의 생태학적 한계를 무시하고, 단지 사람들로부터 사랑받기만을 원했다." 뮤지컬 〈유린타운〉은 어떤 정치적 신념을 가졌는가에 상관없이 '생태적 한계'를 인식하지 않으면 지속가능하지 않다는 강력한 메시지를 던지고 있다.

지금 인류는 기후변화 위기, 피크오일(석유생산량이 최대가 되는 지점으로 피크오일 시점을 지나면 석유생산량은 줄기 시작한다)을 포함한 자원고갈, 세계적인 경제침체라는 삼중고를 안고 있다. 무작정 달려온 개발과 성장의 결과로 지구의 '생태적 한계' 상황에 도달하고 있는 것이다. 지금 이야말로 '전환'이 필요한 시기이다.

블랙아웃이 일어나면

2011년 3월 11일 발생한 후쿠시마 원전사고로 핵에너지가 얼마나 위험하며 지속불가능한지 깨닫게 되었다. 같은 해 9월 15일, 우리나라 전역에 3시 11분부터 다섯 시간 정도의 갑작스러운 정전이 일어났다. 전력소비가 급증해 공급량이 부족하자 블랙아웃을 막기 위해 인위적으로 공급을 차단한 것이었다. 예고 없이 이뤄진 정전으로 도시는 혼돈에 빠졌다. 656만 가구에 전력공급이 중단되었고, 승강기에 갇힌 사람들의 긴급구조요청도 1,900여 건이나 들어왔다. 신호등이 멈춰 교통대란이 일어났고, 최전방 초소와 레이더 기지 등 군사시설에 대한 전력공급도 중단되었다. 사상 초유의 정전사고로 지식경제부장관, 전력거래소 이사장, 한국전력 부사장이 사임했다.

이번 사고를 통해 전력망이 모두 연결된 우리나라에서는 전기공급이 한꺼번에 중단되는 '블랙아웃'이 발생할 수 있다는 것을 실감하게 되었다. 실제로 블랙아웃이 되면 어떤 상황에 빠질까? 예비전력이 바닥나는 순간, 전압과 주파수가 떨어지고 발전소 전력이 바로 차단된다. 공장이 멈추고, 통신이 두절된다. KTX를 비롯한 기차와 전철이 그 자리에서 멈추고, 신호등이 꺼지면서 교통혼란에 빠진다. 수돗물공급은 물론 난방, 취사, 자동차 운행도 불가능해진다. 취수장과 정수장도, 가스공급을 위한 압력장치도, 주유소의 주유기도 모두 전기로 작동되기 때문이다. 고층 빌딩과 주상복합건물의 비상용 발전기는 몇 시간을 못 버틴다. 전기공급이 끊긴 63빌딩과 초고층 빌딩은 어떻게 될까? 전기 없는 도시의 삶은 상상하기 힘들다.

문제는 블랙아웃이 발생하면 이런 상태가 일주일 이상 계속될 수 있다는 점이다. 발전소를 정상가동하는 데도 전기가 필요하기 때문이다. 공룡 같은 거대 전력시스템이 한꺼번에 멈추는 상황은 수요급증이라는 이유도 있겠지만 대용량으로 전기를 생산하는 핵발전소 2~3기가 한꺼번에 고장을 일으킨다거나 초고압 송전망이 무너져도 발생할 수 있는 일이다. 과도한 전력소비와 대형발전소에 의존하는 중앙집중형 전력공급시스템에 의한 '블랙아웃' 가능성이 존재한다는 것이다.

2011년 정전을 계기로 우리가 얼마나 전기에 의존해 살고 있는지, 얼마나 많이 쓰는지, 전기생산과 소비방식이 지속가능한지 돌아봐야 한다. '피크오일로 유가가 급등하게 되면?', '전력공급에 이상이 생겨 대도시에 전기가 공급되지 않는다면?' 등과 같은 질문을 던지고, 그에 따른 대비를 해야 할 때이다. 외부로부터 자원이 유입되지 않은 상황에서 도시가 얼마나 지속가능할지, 도시의 회복력을 점검해야 하는 상황인 것이다.

아일랜트 킨세일의 에너지 하강 행동계획

기후변화와 에너지위기, 경제위기에 대한 대안을 지역공동체에서부터 실천에 옮기는 전환마을운동은 2004년 10월 아일랜드 킨세일 교육대학(Kinsale Further Education) 수업에서 시작되었다. 퍼머컬처(permaculture)와 자연건축 강의를 하는 롭 홉킨스는 수업시간에 학생들과 함께 〈교외의 종말(The End of Suburbia)〉이라는 영화를 보고 토론을 했다. 롭 홉킨스는 이 영화를 '전환운동의 성경'이라고 표현한다. 〈교외의 종말〉은 값싼 석유경제를 바탕으로 교외에 주거단지가 밀집해 있고, 장거리 출퇴근을 하며, 식료품 하나를 사더라도 자동차를 타고 시내에 나가야 하는 미국사회가 얼마나 석유위기에 취약한지를 보여주는 다큐멘터리였다. 피크오일이 우리의 삶을 완전히 바꿀 것이라는 메시지를 접한 롭 홉킨스와 학생들은 큰 충격을 받고, 당장 대안을 찾아야 한다는 결론에 이르렀다. 피크오일 이론가인 콜린 캠벨(Colin Campbell) 박사를 초대해 강의를 듣고, 학생들과 함께 어떻게 하면 킨세일을 에너지 저소비사회로 전환시킬 수 있을지 계획을 세웠다. 세계나 국가 차원의 대안이 아니라 자신들이 살고 있는 지역에서 무엇을 할 것인가를 토론하고 계획한 것이다.

2005년 롭 홉킨스와 학생들은 인구 3,500명의 소도시 킨세일[아일랜드 먼스터(Munster)의 코크(Cork) 주에 위치]의 '에너지 하강 행동계획(Energy Decent Action Plan: EDAP)'을 작성했다. 2021년까지의 현실 진단, 비전, 단계적 실천방안을 정리했는데, 먹을거리, 에너지, 주택, 교육, 경제와 근린생활, 건강, 관광, 교통, 쓰레기, 어린이와 지역사회 등 킨세일의 모든 생활 부문에서 에너지 소비를 줄이는 계획을 담았다. 에너지가 안 쓰이는 곳이 없기 때문에 에너지 하강 행동계획은 광범위한 분야를 다루고 있다. 킨세일 의회는 1년간의 치밀한 작업을 거쳐 완성된 보고서를 공식적으로 채택해 실행에 옮기기로 한다. 학생들이 지역의 에너지 계획을 수립하고, 이를 의회에서 채택했다는 점에서 의미 있는 성과였다. 더 놀라운 일은 킨세일 에너지 하강 행동계획 보고서가 인터넷을 통해 주목을 받기 시작했고, 롭 홉킨스가 영국 토트네스로 이주하면서 전환마을운동이 세계적으로 급격하게 확산된 것이다.

전환을 위한 철학, 회복력과 재지역화

기후변화와 피크오일의 원인은 결국 같다. 오늘날의 풍족한 소비생활은 석유를 포함한 화석연료소비에 의존하고 있는데, 그러한 삶의 방식이 기후변화를 일으키는 주요한 원인이다. 설상가상으로 매장이 한정된 석유생산량이 정점에 달하면서 공급이 부족해지고, 가격이 급상승할 가능성도 높아지고 있다. 석유가격 상승은 식량생산에서부터 기초물자 조달에까지 경제 전반에 영향을 미치게된다. 결국 기후변화와 피크오일은 인류의 과도한 화석연료소비 때문에 발생한 것이다.

국제사회 차원에서도 기후변화협약을 체결하고 온실가스 감축에 대한 논의를 진행하고 있으며, 우리나라도 2020년까지 배출전 망치(BAU) 대비 온실가스 배출량의 30% 감축을 목표로 삼았다. 문제는 국가에서 설정한 감축 목표치가 지자체나 시민들에게 어떤 삶의 변화를 요구하는지가 구체적으로 와 닿지 않는다는 점이다. 이것은 비단 우리나라만이 아니라 전 세계 모든 나라가 겪는 어려움이다. 공동체와 지역 차원에서 대안을 모색하는 전환마을운동은 이러한 질문에 해답을 제시하고 있다.

기후변화와 피크오일에 대해 주류 연구자들이 내놓은 대안과 전환마을운동을 주창한 롭 홉킨스가 제시하는 대안 사이에는 확실한 차이점이 있다. 현재 피크오일에 관한 대안보고서로는 「허시 보고서」가, 기후변화 위기에 대응해서는 「스턴 보고서」가 대표적이라 할 수 있다.

「허시 보고서」의 석유고갈에 대한 대안은 석유의존도를 벗어나기 위해 석탄액화, 가스액화, 시추 규제완화, 바이오연료 확대, 타르샌드와 비전통석유 개발, 자원민족주의와 비축을 강조하고 있다. 「스턴 보고서」는 탄소배출량을 줄이기 위한 탄소 포집 및 저장, 탄소 상쇄, 탄소배출권 거래, 기후적응, 교통물류 개선, 핵발전소 등을 대안으로 삼고 있다. 그러나 롭 홉킨스는 피크오일과 기후변화는 별개의 문제가 아니라 화석연료에 대한 의존도가 높아서 발생하는 한 가지 문제의 두 가지 측면이라고 강조한다. 따라서 문

〈그림 1-1〉 전환개념: 기후변화와 석유정점은 한 가지 문제의 두 가지 측면

석유정점(Peak Oil) - 허시 보고서	기후변화(Climate Change) - 스턴 보고서
• 석탄액화 • 가스액화 • 시추 관련 규제 완화 • 바이오연료 생산 확대 • 타르샌드와 비전통 석유 개발 • 자원 민족주의와 비축	• 기후공학 • 탄소 포집 저장 • 산림 기반 탄소 상쇄 • 국제탄소배출권 거래제 • 기후 적응 • 교통 물류 개선 • 핵발전소

동일한 문제의 두 가지 측면
: 회복력 증진과 탄소배출 저감

재지역화와 회복력 증진
• 에너지 할당량 거래
• 분산형 에너지 인프라
• 재기술화
• 로컬푸드 생산(푸드 마일리지 줄이기)
• 에너지하강행동계획
• 지역 통화
• 지역 의약품 효능 활용

자료: Hopkins(2008).

제에 대한 해법도 두 가지를 동시에 해결하는 방식으로 접근해야
한다고 주장한다.

따라서 석유를 대체하기 위한 수단에 집중하기보다는 소비량을
줄여 직접적인 탄소감소로 연결해야 하며, 그 과정에서 회복력을
길러야 한다고 강조한다. 회복력(resilience)은 위기가 오더라도 공
동체가 큰 충격을 받지 않고 위기 이전 상황으로 빨리 돌아갈 수
있는 능력을 말한다. 결국 석유 없이 살 수 있는 다른 대안을 마련
하는 것이다. 제2차 세계대전 당시 에너지와 식량 부족에 시달렸

〈그림 1-2〉 토트네스 전환마을운동의 철학

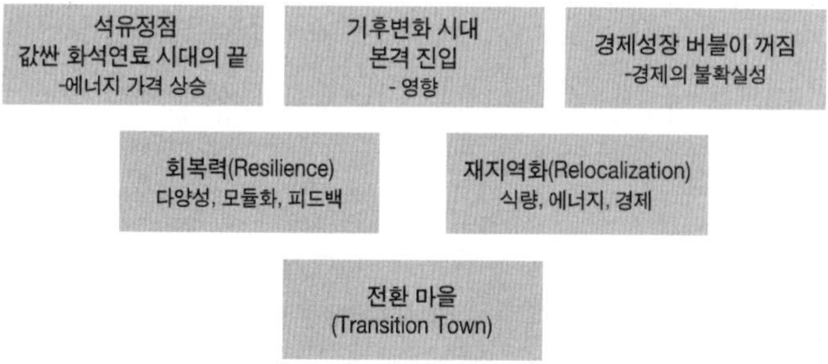

석유정점 값싼 화석연료 시대의 끝 -에너지 가격 상승	기후변화 시대 본격 진입 - 영향	경제성장 버블이 꺼짐 -경제의 불확실성

회복력(Resilience) 다양성, 모듈화, 피드백	재지역화(Relocalization) 식량, 에너지, 경제

전환 마을
(Transition Town)

던 영국에서는 '빅토리가든(Victory Gardens)'이 확산되었다. 빅토리가든은 도심 지역 시민들이 정원을 텃밭으로 바꿔 채소를 직접 재배해 식량공급원으로 활용한 것이다. 빅토리가든이 가능했던 이유는 경험 있는 어른들이 어떻게 먹을거리를 재배하고 수확할 수 있는지 지혜를 나눠줬기 때문이다. 전쟁이 끝나자 '빅토리가든'은 자취를 감추고 다시금 식량을 외부에서 수송해 조달하기 시작했다. 빅토리가든의 교훈은 위기에 대한 충격을 줄이려면 생존을 위해 필수적인 식량, 에너지, 경제가 지역에서 해결될 수 있도록 회복력을 갖춰야 한다는 것이다.

당장 석유가격이 지금의 2~10배로 상승했다고 가정해보자. 가장 큰 영향은 물류의 중단이다. 외부로부터 값싸게 들여오던 식량, 에너지, 상품의 흐름이 단절된다는 것이고, 우리 생활에 필요한 것들을 조달하는 데 다시금 지역자원에 의존할 수밖에 없다는 것을 의미한다. 산업화 이후 지역의 발전방식이 세계화, 전문화, 특성화의 영향으로 외부 자원에 대한 의존도를 지속적으로 높여왔다면, 피크오일 시대에는 다시금 지역에서 자생적으로 먹을거리와 에너지를 생산하는 방식으로 돌아가야 한다. 지역을 새롭게 디자인하는 재지역화(relocalization)가 대안인 것이다.

한국의 농촌만 보더라도 예전에는 곡식, 채소, 과일, 축산 등을 한 마을 안에서 다양하게 생산했다면 지금은 파프리카 단지, 축산 단지, 양파 단지 등 마을 전체가 하나의 특화된 작물만 재배하고 있다. 특성화 시대에 석유가격이 급상승해 외부로부터 먹을거리를 들여오기 힘든 상황이 되면 파프리카만 먹고 살 수 없다. 회복력이 매우 낮다는 이야기이다. 결국 인간이 살아가는 데 없어서는 안 되는 식량과 에너지를 기반으로 지역먹을거리, 지역에너지, 지역화폐, 지역기업, 지역서비스, 지역자치, 지역교육이 자리잡아야 한다. '다시 지역으로!'의 메시지가 바로 재지역화인 것이다.

롭 홉킨스는 전환운동이 필요한 이유를 다음과 같이 제시하고 있다. 첫째, 에너지를 아주 적게 쓰면서 살아야만 하는 생활을 피할 수 없다면 갑작스럽게 그런 상황에 처하는 것보다 지금부터 계획하고 준비하는 것이 더 낫다. 둘째, 피크오일로 수반되는 심각한 에너지 충격에 대해 개인과 공동체가 대비할 준비가 되어 있지 않다. 셋째, 그렇기 때문에 우리는 지금 힘을 모아 당장 행동에 옮겨야 한다. 넷째, 우리 주변에 있는 사람들의 창조성과 아이디어를 잘 활용하여 에너지 하강 행동계획을 세우고 지구의 생태적인 한계를 인식한 가운데 지역의 회복력을 높여 살아가는 방법을 익혀야 한다.

전환마을은 주민들이 건강하고 행복한 삶을 사는 것, 자연에 가한 수탈행위를 반성하고 자연과 공생하는 삶을 사는 마을을 만든다는 철학을 갖고 있다. 이들은 피크오일 이후의 삶도 잘만 준비하면 충분히 즐겁고 행복할 수 있다는 믿음을 가지고 있다. 이 운동의 핵심은 사람들이 이러한 변화에 동참하게 하는 것이고, 자신들이 살고 있는 곳에서부터 행동하게 하는 것이고, 공포나 죄책감이 아닌 보다 즐거운 삶을 위해 이 운동을 선택하도록 하는 것이다.

기후변화와 피크오일은 대중에게 널리 알려진 문제가 아니기 때문에 이를 제대로 알려서 사람들이 준비하도록 하는 것이 전환마을 프로그램의 중요한 부분이다. 동시에 이 문제에 대한 긍정적인 효과를 함께 이야기하는 것이 중요하다. 위협과 공포심이 아니라 삶의 방식 전환을 통한 행복을 이야기한다. '즐거움'은 전환마을 운동의 또 하나의 중요한 화두이다.

전환마을운동은 빠른 속도로 확산되고 있다. 2013년 6월 현재 전 세계 43개국 1,107개 공동체가 활동하고 있다. 주로 유럽과 영국에서 활발하고, 미국, 캐나다, 호주, 뉴질랜드, 포르투갈, 이탈리

<〈그림 1-3〉 세계 곳곳으로 확산되는 전환운동>

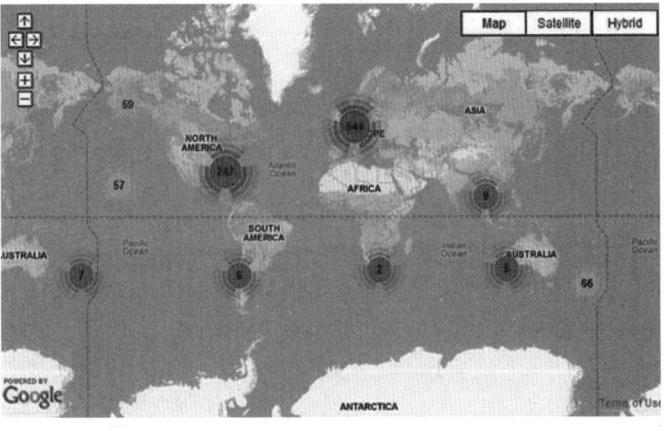

자료: www.transitionnetwork.org/initiatives/map

아, 일본, 칠레에서도 운동이 싹트고 있다. 전환마을 네트워크
(Transition Town Network)는 서로의 정보와 경험을 나누는 장이 되
고 있다.

기후변화로 파괴된 도시, 뉴올리언스를 재건하는 방법

미국 루이지애나 주 뉴올리언스 시민들이 영화배우 브래드 피
트를 시장 후보로 추대한 적이 있다. 그가 태풍 카트리나로 엄청난
고통을 겪고 있던 뉴올리언스 시민들을 위로하고, 파괴된 도시 재
건사업에 발 벗고 나섰기 때문이었다. 2005년 8월 23일, 미국을 강

타한 카트리나의 위력은 대단했다. 재즈 발상지로 유명한 미국 뉴올리언스 시의 80%가 침수되었고, 300억 달러 이상의 막대한 재산 피해와 수천 명에 이르는 인명피해를 일으켰다.

특히 'The Lower 9th Ward' 지역은 제방이 무너져 극심한 피해를 입었다. 하루아침에 집을 잃어버린 사람들은 정든 고향을 떠나야 했다. 카트리나 이후 9년이 지난 지금도 복구가 진행 중이다. 여전히 집은 무너진 채로 서 있고, 무성한 덤불숲이 집 주위를 뒤덮고 있거나 아예 집터만 남은 곳도 있다. 가난한 흑인들이 주로 살던 지역이라 도시 중심부에 비해 복구도 더디게 진행되었다. 2009년 이 지역을 방문한 브래드 피트는 폐허가 된 마을에 복구의 손길이 제대로 미치지 않는 것을 보고 충격을 받았다. 그는 '메이크 잇 라이트 재단(Make It Right Foundation)'을 설립하고, 저비용에 에너지 효율이 높은 친환경주택을 보급하기 시작했다. 여러 차례 기금행사를 마련하고, 백악관에도 지원을 호소했으며, 자신도 500만 달러(약 65억 원)를 기부했다.

브래드 피트는 기후변화로 인해 초토화된 뉴올리언스를 재건하는 방식은 달라야 한다고 이야기한다. '요람에서 요람까지(C2C: Cradle to Cradle)'라는 철학을 바탕으로 제품이 '무덤(grave)'으로 가는 것이 아니라 다시 '요람(cradle)'으로 돌아갈 수 있도록 환경에 미치는 영향을 최소화해야 한다는 것이다. 그래서 그가 이 지역에 짓는 집은 에너지 저소비형 태양광주택이다. 투수성 콘크리트, 휘발성유기화합물(VOC)을 사용하지 않은 페인트, 단열과 자연환기, 자연채광과 태양광을 기본으로 한다. 건축된 주택은 모두 미국의 친환경건축물 기준(Leadership in Energy and Environmental Design: LEED) 인증을 받았다. 지금까지 87채를 완성했고, 지역에 살던 거주민에 한해 입주할 수 있다.

친환경주택 시범건설은 지역사회에 큰 영향을 미치고 있다. '다시 녹색으로 건설하자'라는 프로그램을 통해 이미 2만 1,000명이 교육을 받았다. 수천여 명의 주민들이 에너지 효율 주택에 대한 정보를 알게 되었고, 건축일을 도왔고, 공동체를 복원하는 일에 참여했다. USA녹십자, '메이크 잇 라이트', 뉴올리언스 환경청 솔리시티 프로젝트 등이 모두 협력하고 있다. 이들은 "주택을 만들고, 인근에 먹을거리를 자급할 수 있는 텃밭을 조성하고, 또 학교를 중심으로 지역공동체를 탄탄히 만들어가는 사업을 통해 건물만이 아니라 상처받은 사람들의 마음도 재생될 수 있도록 노력하겠다"라고 말한다. 이처럼 뉴올리언스의 도시재생은 에너지 저소비, 저탄소 방식으로 진행되고 있다. 건축자재를 재활용하고, 건축물을 설계할 때부터 에너지 효율을 고려하며, 태양광으로 전력을 생산할 수 있도록 만들고 있다. 이런 활동은 카트리나를 경험한 뉴올리언스만이 아니라 기후변화 시대 모든 도시의 목표가 되어야 한다.

서울과 같은 대도시도 전환도시의 밑그림을 그려야 한다. 소 잃고 외양간을 고치는 우를 범하지 않기 위해서는 지금부터 전환을 기획해야 하는 것이다. 우리는 너무 오랫동안 의식주를 시장과 다른 지역에 의존해서 해결해왔다. 스스로 집을 짓고, 농사를 짓고, 옷을 만드는 지혜와 기술을 잃어가고 있다. 전환마을운동은 이런 능력을 바닥부터 다시 세우는 일이다. 전환마을운동은 자신이 사는 지역을 에너지 저소비 사회로 전환해나가는 것이고, 기존의 생태공동체운동이 뿌리를 두고 있는 퍼머컬쳐(영속농업)에 에너지문제에 대한 해법을 반영해 실천에 옮기는 운동이라고 할 수 있다.

〈유린타운〉의 이야기로 돌아가서, 우리에게는 지금 '사랑'만 받기를 원하는 호프와 같은 사람이 필요한 것이 아니다. 때로는 불편한 진실을 있는 그대로 드러내고 지금과는 다른 경제와 삶의 방식을 이야기하는 용기 있는 사람들이 필요하다. 우리 시대가 처한 생태적 한계를 명확하게 인식하고 먹을거리와 에너지를 중심으로 장기계획을 세우는 도시를 만들어야 한다.

♣ "저는 비행기를 타지 않습니다" - 전환마을 운동의 리더 롭 홉킨스

전환운동의 중심에는 『전환마을 핸드북』의 저자 롭
홉킨스가 있다. 킨세일의 '에너지 하강 행동계획'을
수립한 경험을 바탕으로 영국 토트네스로 이주하면
서 전환운동을 본격적으로 시작했다. 트랜지션타운
토트네스(TranstionTownTotnes) 사무실에서 그를
만났다.

〈그림 1-4〉 전환마을
토트네스의 상징

Q. 전환운동을 한마디로 표현하면?

A. 기후변화와 피크오일 위기를 극복할 수 있도록 지
역공동체가 회복력을 높이는 것이다. 공동체 참여가
중요한 이유는 행정이 주도하면 시간이 오래 걸려 준
비할 시간을 놓칠 우려가 있고, 개인이 홀로 실천하
면 개인적인 성찰로만 끝날 수 있기 때문이다. 전환
운동을 통해 지역사회가 회복력을 키우고 행복지수
를 높이는 것이다. 행복은 가치에 관한 문제이다. 사람들과 좋은 관계를 맺으며 의미
있는 일을 하는 것에서 행복을 찾을 수 있지 않을까?

Q. 다른 지역에서 전환운동을 벌일 때 염두에 두어야 할 것은?

A. 중요한 것은 문제에 대한 인식이다. 지역사회가 기후변화와 피크오일에 얼마나 취
약한지에 대해 인식하는 것에서부터 출발한다. 오픈스페이스와 같은 장을 통해 공동
체가 해결책을 함께 논의해야 한다. 토트네스도 모든 답을 가지고 있지 않다. 무엇이
문제이고 이를 해결하기 위해 어떻게 해야 하는지 찾아가는 과정에 있다. 지역마다 문
제가 다르기에 과정도 해답도 다를 것이다.

Q. 어떻게 토트네스에 자리잡게 되었나?

A. 아일랜드에서 10년간 살았다. 첫째 아들이 중등학교에 입학할 나이가 되어 영국으
로 돌아오게 되었다. 내가 태어나서 자란 곳은 브리스틀이다. 토트네스는 아내가 살던
곳이다. 알고 있는 사람들이 살고 있다는 장점도 있지만 토트네스가 전환운동을 펼치
기에 적격이기 때문에 선택했다. 토트네스는 영국의 다른 어떤 지역보다 좋은 조건들
을 가지고 있었다. 이곳 사람들은 대안적인 삶을 추구해왔고, 예술을 중요하게 생각하
며, 실험적이다. 다른 지역이라면 오랜 시간이 걸리겠지만, 토트네스에서는 전환운동
을 빠른 시간에 실현해볼 수 있다. 지역사회에 지속가능성을 실천하는 그룹이 있었고,

〈그림 1-5〉롭 홉킨스

지역먹을거리 운동도 활발하다. 트랜지션타운 토트네스
가 한 일은 다양한 지역사회활동을 엮어내고 에너지를
불어넣는 일이었다.

Q. 전환마을을 만들기 위해 지자체와 어떻게 협력하고
있는가?

A. 토트네스 의회는 강력한 힘은 없지만 사회적인 영향
력을 가지고 있다. 의회가 전환마을을 지지한다는 결의
를 했고, 열심히 참여하는 의원도 있다. 그 결과 타운홀
에 태양광발전기도 올렸다. 사우스 햄 디스트릭트 의회
와의 협력에는 시간이 좀 걸렸다. 전환거리(Transition
Street)가 첫 시작이다. 좀 더 지켜봐야겠지만 단열개선사업이나 재생가능에너지 사업
을 하는 데 있어서 트랜지션타운 토트네스는 괜찮은 파트너이기 때문에 지자체와 좋은
협력관계를 맺고 있다. 사우스 햄 디스트릭트 의회는 15년마다 지역개발계획을 발표
하는데, 지금까지의 계획은 지속가능성과는 거리가 멀었다. 지금은 트랜지션타운 토
트네스가 계획수립에 적극 관여하고 있다.

Q. 토트네스 전환마을에 많은 사람들이 관심을 갖고 있다. 이렇게 빠르게 확산될 것이
라 예상했나?

A. 우리가 하는 일에 사람들이 아주 높은 기대를 갖는 것이 한편으로는 부담이다. 한
독일인이 토트네스에 와서는 완벽한 생태마을인줄 알았는데 차를 타고 다닌다며 실망
감을 표현했다. 우리는 작은 단체다. 마법사들이 아니다. 게다가 전환은 눈에 보이는
것이 아니다. 잠깐 방문해서 전체를 이해할 수 있는 성격이 아니다. 더 많은 사람들과
이야기하고 여러 곳의 삶을 들여다보아야 느낄 수 있는 것이다. 마을주민들의 75%가
전환마을운동을 알고 있고, 그중 60%가 긍정적인 반응을 보이고 있다. 또 가든셰어나
텃밭프로젝트와 같은 일은 성과가 빨리 나타나지만 토트네스 재생가능에너지협동조
합(Totnes Renewable Energy Society: TRESOC)은 준비하는 데만 만 4년이 걸렸다. 수
익이 나려면 3년을 더 기다려야 한다. 지역개발(ATMOS)프로젝트는 앞으로 얼마나 더
많은 시간이 걸릴지 아무도 모른다. 장기적으로 내다보고 활동해야 한다.

Q. 토트네스 전환마을이 궁극적으로 지향하는 것은?

A. 마을경제가 매우 중요하다. 사람들이 일을 할 수 있어야 하고, 먹고 살 수 있어야 한
다. 영국에서 협동조합의 역사는 1800년대로 거슬러 올라간다. 작은 인원으로 시작한
이 단체에 사람들이 주목하기 시작한 것은 일자리를 만들어냈기 때문이다. 지역개발
프로젝트나 푸드허브가 진행되면 지역에 많은 일자리가 생길 것이다. 우리가 하는 일
의 1단계는 인식 증진, 2단계는 단체를 조직하고 틀을 짜는 일, 3단계는 지역사회 비전
찾기, 백캐스팅, 그리고 4단계는 지역기반 기업, 사회적 기업으로 발전하는 것이다. 먹

을거리 부분에서는 푸드허브, 에너지 부분에서는 재생가능에너지협동조합이 그런 역할을 할 것이다. 전환거리 프로젝트에서도 종자돈을 남겨 재생가능에너지에 투자하는 공동체펀드를 만들 예정이다. 영국인들의 연기금이 세계 곳곳에서 지속가능하지 않은 산업에 투자된다. 그래서 우리는 지역사회투자를 위해 지역풍력발전 펀드, 지역먹을거리 펀드 등을 만들 계획을 하고 있다. 사람들이 투자로 토트네스를 돕게 하면, 예를 들어 재생가능에너지협동조합에 투자를 하면 훨씬 더 튼튼한 지역경제를 만들 수 있을 것이다.

Q. 한국에서 강의 초청을 했는데, 비행기를 안 타기 때문에 거절했다고 들었다.

A. 우리 가족은 가능하면 탄소발자국을 줄이기 위해 노력한다. 비행기 여행은 4년 전부터 그만뒀다. 해외 강의는 스카이프(skype)를 이용해 사무실 컴퓨터 앞에서 한다. 한국을 방문하고 싶지만 한국에 가기 위해 비행기를 탄다면 3년 동안 배출할 탄소가 단 한 번에 배출된다. 그래서 가능하면 전환네트워크 내에서도 비행기를 안 탈 것을 권장한다. 문제는 우리는 줄이려고 하는데, 우리를 해외에서 찾아오는 사람들이 많다.

Q. 지역사회에서 에너지문제가 쉬운 주제는 아니다. 어떻게 시작할 수 있는가?

A. 사람들이 쉽게 생각하는 것부터 먼저 시작하면 된다. 사람들이 친근하게 여기는 먹을거리나 건강에 대한 이야기부터 시작하라. 그러다가 먹을거리와 에너지, 건강과 에너지로 확장하면 된다. 오픈스페이스를 할 때에는 사람들이 관심을 가질 만한 질문을 잘 뽑는 것이 중요하다.

2

/

전환마을 토트네스

석유 시대 이후를 준비하는 '토트네스'

토트네스는 영국 남서부 데본 주의 전형적인 농촌소도시로 인구는 2만 5,000명(중심인구 8,500명)이다. 시내 중심에 토트네스 성이 있고, 치유의 샘 리치웰 우물로 유명하다. 하이스트리트 양 옆으로 관공서, 사무실, 교회와 작고 특색 있는 가게가 자리잡았고, 근교에는 슈마허칼리지(Schumacher College)가 있어 지속가능성에 대한 탐구와 실천이 높은 곳이다.

토트네스도 우리나라의 농촌이 겪는 풍랑을 그대로 겪었다. 18세기까지만 해도 양털을 비롯한 낙농업으로 유명했지만 젊은이들이 토트네스를 떠나 도시로 향했다. 그 와중에 1986년 영국에 광우

병 파동이 일어났고, 낙농에 기반을 둔 지역경제는 큰 충격을 받았다. 지역은 도무지 회복될 수 없을 것 같은 불황의 늪으로 빠져들었다. 토트네스 사람들이 절망의 밑바닥에서 찾은 해답은 전통적인 목축방식으로 돌아가는 것이었다. 인간이 동물과 자연과 자연스럽게 조화를 이뤘던 예전 방식을 기억해낸 것이다. 들판에 소를 키우면서 신선한 풀을 먹이고, 일체의 항생제나 동물성 사료를 쓰지 않았다. 소가 치유되고 건강해지면서 마을도 다시 활기를 찾아갔다.

토트네스의 자연주의운동은 먹을거리에서부터 시작되었다. 지역순환형 유기농산물을 생산하고 소비하면서 생산자와 소비자 사이에 신뢰가 형성되었다. 토트네스 시내 상가에는 유기농 매장들이 많다. 군이 유기농산물 표시를 붙일 필요가 없다. 토트네스에서는 거의 모든 상점이 지역에서 생산한 유기농산물을 취급한다. 유기 축산물과 농산물이 지역사회에서 순환하면서 수요와 공급을 안정시켜 가격파동, 수입파동, 농산물파동 등 외부 경제에 영향을 받지 않는 지역경제를 형성할 수 있다. 광우병이라는 큰 위기가 토트네스 사람들을 변화시킨 것이다.

롭 홉킨스는 전환마을운동이 확산될 수 있는 여건이 잘 갖춰진 곳을 원했다. 주어진 시간이 많지 않았기 때문에 영국에서도 자연주의철학이 살아 있는 토트네스를 찾았던 것이고, 그의 판단은 성공적이다. 홉킨스는 '스킬링 업 포 파워다운(Skilling Up for Power-down)'이라는 10주간의 교육 프로그램을 개설해 사람들을 모으기 시작했다. 참가자들은 기후변화와 피크오일에 대한 강의를 듣고 식량, 집, 에너지, 돈, 그리고 개인적인 삶에서의 모든 '전환'에 대해 공부하고 토론했다. 이렇게 교육을 통해 훈련받은 사람들이 에너지 하강 행동계획의 작성과 활동에 중요한 역할을 했다.

그는 2006년 9월 트랜지션타운 토트네스(이하 TTT)를 만들고, 전환마을을 만들기 위한 실험을 본격적으로 시작했다. TTT는 토트네스 전환운동을 이끌고 있는 센터로서, 마을주민들의 자치기구인 셈이다. 정부보조금을 받는 대신 지역 자선사업가, 지역기업에서 후원을 받고, 컨설팅 서비스 제공, 모금활동 이벤트 개최, 교육 프로그램 운영을 통해 재정을 꾸리고 있다. 토트네스 사람들은 UN 차원에서, 국가 차원에서 해답을 주기 전에 공동체가 나서야 한다고 생각했다. 공동체가 힘을 모아 온실가스를 줄이고, 공동체가 힘을 모아 재난에 대비하는 것이다. 개인은 힘이 너무 약하고, 국가는 너무 멀리 있다. 그래서 자신이 살고 있는 마을에서 지구가 직면한 가장 큰 문제의 실마리를 찾자는 것이다. 위기 상황일수록 서로에게 의지할 수 있는 공동체가 힘이 된다. 토트네스는 우리에게 잃어버린 '공동체성'을 회복해야 한다고 강조한다.

다음 자료는 2006~2010년까지 TTT가 어떤 활동을 했는지를 요약한 글로 토트네스 전환운동을 이해하는 데 도움이 된다.

♣ 숫자로 한눈에 보는 토트네스

- 토트네스 전환운동을 배우기 위해 찾아온 사람들로 인한 지역경제 기여효과는 12만 2,000파운드(2억 2,078만 960원)
- 300명 이상이 전환교육 코스를 배우기 위해 방문
- TTT는 기금을 마련해 태양전지패널을 구입, 시빅홀 지붕에 1만 3,000kWh를 생산할 수 있는 태양광발전기를 설치(건물 전력의 3분의 1을 생산하며, 5,500파운드 이상의 돈을 아낄 수 있음)
- 마을 곳곳에 186그루의 견과류 나무를 심음
- 4,000권이 넘는 지역먹을거리 가이드북(2종류)을 배포
- 텃밭 공유하기(가든셰어)를 통해 13개 텃밭에서 30명의 사람들이 먹을거리를 재배해 약 50가구에 제공하고 있음
- 70개 이상의 상점이 토트네스 파운드를 받음

- 지금까지 140회의 공공이벤트를 조직
- 에드워드 6세 커뮤니티 칼리지(King Edward VI Community College)에 다니는 1,000명이 넘는 학생들이 '전환 이야기' 프로그램에 참여
- 토트네스와 다팅턴(Dartington) 인구의 75% 이상이 TTT의 활동을 인지하고 있음
- 재생가능에너지에 대한 네 번의 워크숍에는 600명 이상 참석
- 59개의 '함께 전환하기(Transition Together)' 그룹이 탄소배출량을 각각 1.2톤씩 감소시키고 있고, 해마다 601파운드(108만 7,617원)의 비용을 줄이고 있는데, 이들 가구의 50% 이상이 저소득가구임
- 전환에 대해 집중적으로 배우기를 원하는 사람들을 위해 마련한 '전환 투어'의 지역경제 효과는 5만 2,166파운드(9,458만 3,739원)
- TTT 활동은 국제적인 전환행동을 촉발시켜 1,000여 개의 네트워크를 형성
- TTT는 25개의 기구들과 파트너십을 형성
- 800명의 사람들과 35개 지역조직의 의견을 반영하고, 27번의 시민참여회의를 통해 '에너지 하강 행동계획'을 수립
- 50명의 사람들이 기본적인 텃밭 가꾸기 교육을 받음
- 400명이 넘는 사람들이 TTT의 축제 '윈터페스트(Winterfest)'에 참여
- 세 번의 '에더블 가든 크롤(Edible Garden Crawls)'에 500명이 넘는 사람들이 참여
- 2010년 '에너지 페어'에 400명이 넘는 사람들이 참가
- 2,000명 이상이 TTT 이메일 뉴스레터를 구독
- TTT 텃밭 나누기는 휴 피언리-휘팅스톨(Hugh Fearnley-Wittingstall)의 '렌드셰어(Landshare)' 캠페인에 영감을 줌
- TTT의 활동에 대한 짧은 필름을 10편 제작(http://tinyurl.com/3yh9ysu 참고)
- '이스테이츠 인 트랜지션(Estates in Transition)'이라는 다팅턴 회의를 통해 65명의 지역유지들과 관리인들을 한데 모아 기후변화와 피크오일에 대해 토론
- 57.2%의 지역주민들이 TTT의 활동이 자신들의 삶과 '아주 깊이 관여' 또는 '관여'되어 있다고 대답
- 15명의 '하트 앤드 소울(Heart and Soul)' 그룹 사람들은 TTT에서 일을 하면서 사람들이 지쳐버리는 상황을 최소화하고 있음
- TTT 홈페이지 등록회원 수는 4,500명이 넘음
- '씨디 선데이(Seedy Sunday, 일요종자모임)' 이벤트에는 적어도 200명이 참여
- 커뮤니티 빌더스(Community Builders)가 기부한 7만 5,000파운드(1억 3,598만 4,750원)로 폐쇄된 유제품 가공공장(derelict Dairy Crest site)을 지역공동체 공간으로 만들기 위한 활동을 하고 있음
- TTT의 활동은 BBC의 〈더 원 쇼(The One Show)〉, 알자지라 TV, 〈인 비즈니스 (In Business)〉 라디오 등 언론의 엄청난 주목을 받고 있음

* 자료: "So, What Does Transition Town Totnes Actually Do?"(http://www.transitionnetwork.org)

토트네스 '에너지 하강 행동계획 2030'

토트네스를 이해하려면 책 한 권을 찬찬히 들여다보아야 한다. 토트네스에는 다른 마을에 없는 '에너지 하강 행동계획 2030'이 있다. 마을에서는 석유에너지로부터 독립하는 일을 가장 중요하다고 여긴다. 그래서 석유가격 상승을 걱정만 할 것이 아니라 석유 없는 세상을 도모하기 위한 비전과 행동계획을 수립

〈그림 2-2〉 토트네스 에너지 하강 행동계획 2030

하기로 했다. 에너지 하강 행동계획에서 '하강(Descent)'은 아주 순조롭게 하강한다는 의미를 가지고 있다. 석유소비를 줄이면서 순조롭게 석유 없는 세상으로 연착륙한다는 의미를 가지고 있어 '하강'으로 번역했다.

2009년 석유독립을 위한 계획표를 짜는 일이 시작되었다. 계획 수립을 주도한 TTT의 재키 호슨(Jacqi Hodson)은 다양한 의견을 반영하기 위해 35개 조직을 찾아가 자문을 구했고, 공청회를 27번이나 열었다. 시내 중심가에 살고 있는 주민의 12.3%인 800여 명이 직접 참여했고, 예산은 에스미 페어베른 재단(Esmee Fairbairn Foun-

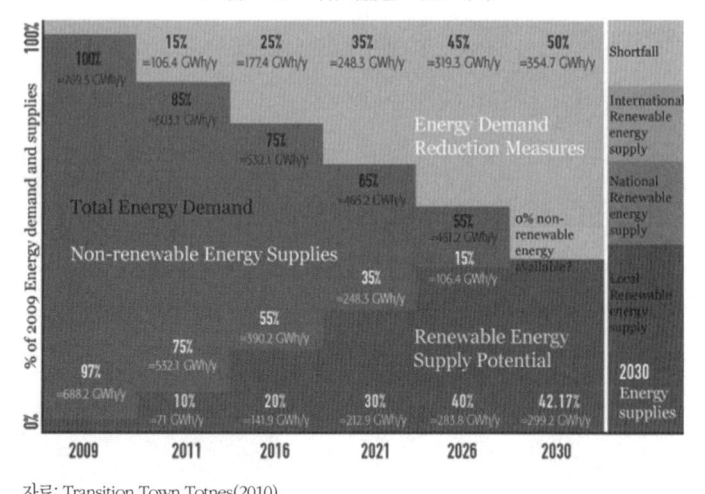

자료: Transition Town Totnes(2010).

dation), 아티스트 플래닛 어스(Artists Planet Earth)가 지원했다. 계획을 수립하는 데 2년이 걸렸지만 이 시간이 결코 아깝지 않은 것은 주민들이 직접 참여해 결정했기 때문이다.

목표는 야심차다. 2009년 현재 1인당 1년에 9배럴로 살아가고 있다면 2030년에는 1인당 1배럴로 살 수 있도록 석유의존도를 줄이겠다는 말이다. 계획대로 실행된다면 에너지 충격에 대한 마을의 회복력이 높아지면서 석유위기에 잘 대처할 수 있게 된다. 그런데 20년이라는 시간 내에 석유소비량을 90% 가까이 줄이는 것이 가능할까?

　방법은 단순하고 명쾌하다. 2030년까지 에너지 사용량을 절반으로 줄이고, 필요한 절반은 재생가능에너지로 충당하는 것이다. 이를 실행하기 위해 마을 곳곳에서 에너지 절약 및 효율 향상, 재생가능에너지 생산이 진행된다. 보고서 목차를 살펴보면 에너지만 이야기하는 것이 아니다. 빌딩과 주택, 교통, 경제와 삶터, 먹을거리, 건강과 웰빙, 교육, 문화예술, 마음과 영혼, 행정지원 등 다양한 분야를 총망라하고 있다. 삶에서 에너지가 안 쓰이는 곳이 없기 때문에 모든 분야에 걸쳐 석유에 대한 대안을 찾아야 하는 것이다.

　2010년 5월 18일, 주민들이 참여한 가운데 '에너지 하강 행동계

〈표 2-1〉 토트네스 에너지 하강 행동을 실천하는 워킹그룹과 전환 프로젝트

전환활동모임	프로젝트
에너지(Energy)	전환거리 프로젝트 태양열온수기 공동구매 재생가능에너지협동조합 만들기 재생가능에너지 보급
빌딩과 주택 (Building & Housing)	따뜻한 데본 만들기 지역개발계획 참여 생태건축(Eco-construction) 코하우징(Co-housing)
교통 (Traffic & Transport)	교통계획에 참여하기 바이오연료 사용하기 자전거 길 만들기
경제와 삶터 (Economics & Livelihoods)	녹색에너지 프로젝트 에너지 고효율 전구 교체 사업 지역화폐활동 지역기업지원
먹을거리(Food)	텃밭 공유 프로젝트 로컬푸드 가이드북 - 지역생산물 장려 너트 나무 심기 프로젝트 - 영양원 공급, 공동체연대 씨디 시스터즈 - 종자 보존, 생물종 다양성 확보 푸드허브 - 온라인 지역농산물 직거래장터 푸드링킹 - 생산자와 소매상 이어주기
건강과 웰빙 (Health & Wellbeing)	치유를 목적으로 한 공동체 건강텃밭 만들기
교육(Education)	마이스토리 - 세대 간 소통, 과거를 돌아봄 전환도서관 - 전환 관련 자료를 모아 편리한 이용 가능 전환이야기
문화예술(the Arts)	지속가능한 예술가 문화행사를 통해 인식 증진, 창조, 상상, 재미 북돋우기
마음과 영혼(Heart & Soul)	멘토링 서비스 - TTT 활동가들의 회복력 지원 마음과 영혼 워크숍 내적 전환과 생태적 성찰

자료: Transition Town Totnes(2010) 재구성.

전환도시

획 2030'이 발표되었다. 계획을 완성하는 마을축제였다. 토트네스 시장과 주민들이 함께 책을 들고 퍼레이드를 했다. 주민들이 함께 만든 계획에 의미를 부여하는 것이다. 계획을 짜는 과정에서 의견을 모으면서 자연스럽게 사람들을 발굴했다. 이야기하고 토론하는 과정에서 석유독립을 위한 행동이 자신의 일이라 여긴 사람들이 적극적으로 나서게 된 것이었다. 계획수립과 동시에 '에너지 하강 행동계획 2030' 실행모임이 만들어졌다.

  TTT는 전환마을 토트네스를 만들기 위해 다양한 지역주민들의 그룹을 조직하고 운영하는 역할을 한다. 〈그림 2-5〉를 보면 중앙의 "TTT Ltd."는 TTT의 법률적 측면을 감독하고 TTT서비스를 관리하며, TTT서비스는 워킹 그룹과 프로젝트의 전환활동을 지원하는 센터 역할을 한다. 그 주위를 둘러싼 "FOOD"(먹을거리), "ENERGY"(에너지), "BUILDING & HOUSING"(빌딩과 주택), "Economics & LiveliHoods"(경제와 삶터), "TRAFFIC & TRANSPORT"(교통), "HEART & SOUL"(마음과 영혼), "ARTS"(예술), "EDUCATION"(교육) 등은 워킹그룹으로 특정 영역별 활동을 의미한다. 제일 바깥의 활동내용들은 마을에서 진행되는 다양한 프로젝트로, 예를 들면 먹을거리 그룹은 텃밭 나눔 프로젝트, 로컬푸드 가이드북 만들기, 너트 나무 심기, 시디 시스터즈, 푸드허브, 푸드링킹 활동을 하고 있다.

  계획을 세우면서 실행에 옮길 사람들을 찾아내는 것은 그야 말

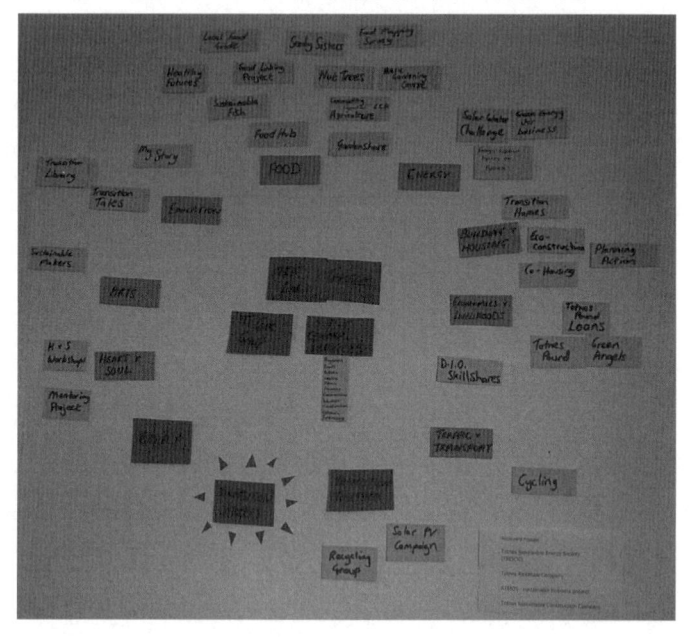

로 바람직한 일이다. 활동그룹에 속한 사람들은 2030년까지 해마다 토트네스에서 어떤 일을 해야 하는지 알고 있다. 2030년까지 연도별로 촘촘하게 개인이, 공동체가, 지자체가 해야 할 일에 대한 계획을 세웠기 때문이다. 예를 들면, 2009년에 개인은 지역에 재생가능에너지협동조합을 만들기 위한 출자에 참여해 25만 파운드를 모아야 하고, 신축 주택은 모두 저에너지주택으로 지어야 한다. 그해 토트네스에는 적어도 10개 가정에서 태양광발전기를 올려야 한

개인이 해야 할일	- 재생가능에너지협동조합 투자금 25만 파운드 조성 - 저에너지주택 정보교류와 이해확산 - 10개 가정 태양광 설치 - 목재연료생산 위한 토지 나무 관리 - 백열등 퇴치와 자동차 사용 줄이기 - 스마트미터링 전환
공동체가 해야 할일	- 재생가능에너지협동조합 구성 - 재생가능에너지협동조합 풍력발전(4.6kW) 설치계획 제출 - 샤프햄(Sharpham) 우드칩 보일러 가동 - 에드워드 6세 커뮤니티 칼리지(KEVICC) 에너지 계획 수립에 따른 절약과 바이오매스 보일러 교환
지자체와 정부가 해야 할일	- 하이스트리트에 태양광 주차미터 시스템 설치 - 풍력발전(225kW) 허가절차 진행

자료: Transition Town Totnes(2010).

다. 공동체는 재생가능에너지협동조합을 통해 4.6kW 풍력발전기
설치계획을 수립해야 한다. 어디에, 어떤 방식으로 누가 세울 것인
지를 결정하는 일이다. 지자체는 하이스트리트에 태양광을 활용
한 주차미터 시스템을 설치하고, 마을에 225kW 풍력발전기를 설
치하기 위한 타당성검토를 끝내야 한다. 이상의 일이 2009년 에너
지 분야에서 해야 할 일이고, 다음 장을 넘기면 2010년, 2011년,
2012년 각 연도별로 2030년까지 계획을 세워놓았다. 이렇게 촘촘
하게 짠 계획을 실행에 옮기다 보면 2030년 토트네스는 석유독립
을 선언할 수 있게 된다. 계획이 워낙 구체적이다 보니 미래에 대
한 확신을 가질 수밖에 없다.

2년이라는 시간 동안 어떻게 이런 멋진 계획을 만들어낼 수 있었을까? 재키 호슨은 '에너지 하강 행동계획 2030'의 팔 할은 주민이 채운 것이라 했다. 전환마을을 만들기 위해 주민들이 직접 '지도'를 그리는 데에 자신은 몇 가지 중요한 질문을 던졌을 뿐이라고 했다. 그녀가 준비한 질문은 "20년 후 토트네스는 어떤 모습일까요?", "미래가 불안하다면 왜, 무엇 때문일까요?", "어떤 마을에서 살고 싶으세요?", "석유가 없다면 토트네스는 어떻게 될까요?" 등이다. 누구나 관심 있고, 대답할 수 있으면서도 근본적인 질문을 한 것이다. 질문을 뽑기 위해 220가구를 대상으로 사전설문조사도 했다고 한다.

　토트네스 사람들의 이야기를 들어보았더니 기후변화와 석유가격 상승에 대한 우려가 컸다. 결국 석유의존도를 줄여야 유가상승에 대한 충격에서 자유로울 수 있다는 이야기인데, 얼마나 줄일 것인가가 문제였다. 그래서 동원한 것이 '백캐스팅' 방식이었다. 보통 미래에 대한 계획을 짤 때 현재에 바탕을 두고 계획을 세운다. 예를 들면, 우리나라의 온실가스 감축목표치는 2020년 배출전망치 대비 30%이다. 배출전망치는 아무런 조치를 취하지 않을 경우 배출될 것으로 예상되는 미래 전망치를 뜻하는데, 그러한 불확실한 전망치를 기준으로 줄이겠다는 것이다. 그러다 보니 현실적인 상황이나 성장에 대한 욕구로부터 자유로울 수 없다.

반면 백캐스팅은 지금 상황을 반영해 미래를 전망하는 것이 아니라 우리가 만들고 싶은 미래의 목표를 정해놓고, 목표를 달성하기 위해 어떤 일을 해야 할지를 역으로 추산하는 방식이다. 미래의 목표가 석유 없는 토트네스이기 때문에 목표에 맞춰 지금부터 삶의 방식을 바꿔나가는 것이다. 삶에는 관성이 있기 때문에 이용하기 편한 석유에 길들여진 삶의 방식을 배출전망치 방식으로 접근해서는 해결하기 어렵다. 백캐스팅 방식은 당장은 힘들지만 지금부터 노력해서 실천에 옮기면 앞으로 우리가 원하는 마을에서 살 수 있다는 확신을 준다는 장점이 있다.

긍정에너지는 힘이 강하다. 호슨은 "사람들은 모두 살아온 세월만큼의 삶의 지혜가 있고, 공동체 안에서 자신의 생각과 재능을 펼치고 싶어 합니다. 더욱이 피크오일이라는 위기를 앞에 두고 사람들이 더욱 적극적으로 변하는 것 같아요"라고 말한다. 다만 조용히 집과 직장에 머무르는 사람들을 마을이라는 공간으로 끌어내기 위해서는 기획이 필요한데, 모임을 준비하고, 의견을 모으고, 정리하는 데 신경을 많이 써야 한다. 모임을 정성껏 준비하면 할수록 사람들이 많이 모이고, 참여도 높아진다.

토트네스에서는 포스트잇이 큰 역할을 했다. 10미터가 넘는 전환시간표를 만들고, 2009년에서 2030년까지 촘촘히 시간을 나누고, 빈 공간에 사람들이 할 수 있는 일과 해야 할 일에 대한 아이디어를 포스트잇에 써서 붙인 것이다. 주민들이 석유 없는 마을을 만들기 위해 붙인 수만 장의 포스트잇이 고스란히 반영되어 마을의 계획이 되었다. 호슨은 말한다. "토트네스의 힘, 우리가 행동하는 힘이 뭔지 궁금하죠? 바로 재미예요. 재미가 있어야 사람들이 모여요. 마을을 행복한 공간으로 만들어갈 수 있다는 긍정의 힘이 우리를 이곳에 모이게 만든 답니다. 그래서 첫 모임이 제일 중요해요. 이 공간이 열린 곳인지, 우리가 재미를 찾을 수 있는지는 첫 모임에서 결정되니까요!" 이렇게 '에너지 하강 행동계획 2030'은 '참여의 즐거움'이라는 생명력을 갖고 있다. 첫 모임에서 재미를 느낀 사람들은 TTT가 하는 일에 깊숙이 결합하기 시작한다. 그렇게 활동그룹이 만들어지고, TTT는 활동그룹을 지원한다.

'토트네스 에너지 하강 행동계획 2030'은 먹을거리, 에너지, 물과 같이 생활에 꼭 필요한 것들을 최대한 가까운 곳에서 얻을 수 있도록 계획했다. 그것이 지역의 지속가능성을 높이는 일이기도 했다. 지역에서 생산한 신선하고 생산자의 얼굴을 아는 식품을 먹을 수 있고, 이웃들과 더욱 친해지며, 사람을 파김치로 만들어버리는 출퇴근거리도 줄일 수 있기 때문이다. 결국 '토트네스 에너지 하강 행동계획 2030'에는 지역의 자생력을 높이기 위한 수많은 아이디어들이 담겨 있다. 건강하고 생산적인 지역만들기를 통해 미래에 대비하는 것이다.

마을에서 만드는 에너지 경제

전환마을 토트네스에서 에너지 워킹그룹의 목표는 단순하다. 에너지 사용량을 줄이는 것과 지역에서 가능한 한 많은 재생가능에너지를 생산해내는 것이다. 이런 활동의 궁극적인 목표는 일자리를 만들고 경제적 가치를 창출해 지역경제가 활성화되는 것이다.

토트네스에만 있는 거리 - '전환거리'

많은 사람들이 석유보다 태양광을 활용하는 것이 온실가스를 덜 배출한다는 것을 알고 있다. 그런데 태양광은 비싸다. 그렇다면 어떻게 해야 농촌소도시에서 태양광발전기를 지붕 위에 많이 올릴 수 있을까? 그런 질문을 던지고 해답을 찾은 것이 전환거리운동이다. 전환거리운동의 목표는 석유에 의존하지 않는 가정을 확산하는 것이다. 전환가구를 원하는 사람들은 자신을 포함해 6~10가구를 모아 '함께 전환하기(Transition Together)' 그룹을 만든다. 1단계는 에너지와 자원절약부터 시작된다. 에너지를 덜 쓰는 생활에 익숙해지면 2단계로 주택단열 개선사업을 한다. 집 자체를 에너지를 덜 소비하는 집으로 개조하는 것이다. 3단계로 지붕 위에 태양광 발전기를 올린다. 집에서 직접 전기를 생산하는 것이다. 이렇게 하면 에너지 절약, 효율 개선, 재생가능에너지 생산이 가능한 석유

〈그림 2-6〉 전환거리 프로젝트 개념도

없는 주택을 위한 3단계가 완성된다.

이렇게 가정에서 설치한 태양광발전기는 지원금의 정도와 고정
가격매입제도(Feed in Tariff: FIT)에 따라 다르지만 평균 5년에서 7
년이면 투자비를 회수할 수 있다. 고정가격매입제도란 에너지 회
사가 재생가능에너지 생산자가 생산한 전기를 의무적으로 구입해
야 하고, 사용하고 남은 양도 구입해주는 제도이다. 영국은 2010년
4월 1일부터 고정가격매입제도를 통해 지붕 위 태양광 기준으로
kW당 41.3펜스(0.413파운드)를 지급하고 있다.

이 사업은 2009년 12월, TTT가 영국 에너지기후변화부(Depart-
ment for Energy and Climate Change: DECC)에서 실시한 '지역사회 주
도 기후변화와 에너지 대안 모색' 프로젝트에 공모해 62만 5,000파

운드(11억여 원)를 지원받으면서 본격화된 사업이다. 전환거리 첫 해에 토트네스에서는 141개의 패널을 설치해 1년에 191,000kWh 의 전기를 생산했다. 2011년 3월까지 전환거리 프로젝트에 참여한 가구에 한해 태양광발전기 구매 시 가구당 2,500파운드(440만 원) 를 지원했다. 저소득층이면 태양광발전기를 설치할 때 더 많은 지 원을 받을 수 있다. 공동체회의를 통해 저소득층이 프로젝트에 참 여할 수 있도록 지원금을 차등 지급하기로 했기 때문이다. 지금까 지 전환거리에 참여한 가구는 500여 가구가 된다. 그 결과 가구당 평균 570파운드(100만 원)를 아끼고 1.3톤의 이산화탄소 배출을 줄 일 수 있었다.

우리나라도 태양광주택 10만 호 보급, 그린빌리지, 저탄소 녹색 마을 조성과 같은 재생가능에너지 확대를 위한 정부 정책이 있었 다. 그러나 우리 정부의 정책은 시설 설치 중심이다. 태양광주택 일반보급사업은 전력소비량이 한 달에 300kWh 이상인 사람만 신 청할 수 있고, 그린빌리지에서는 전력소비량이 증가하는 경향이 있으며, 농촌마을의 에너지 자립도를 40% 이상 높인다는 저탄소 녹색마을은 주민 반대로 곳곳에서 실패하고 있다. 반면 '전환거리' 프로젝트는 지역사회가 주도해 성공 모델을 만든 사례이다. 시민 참여, 에너지 절약, 단열 개선, 태양광 설치, 저소득층 에너지 지원, 완성된 전환거리를 통한 교육 등 프로젝트를 통해 여러 가지 효과를 함께 얻고 있다. 우리나라와 영국의 재생가능에너지 보급 정책이 차이가 나는 이유는 영국에는 전환거리운동을 제안하고 실행에 옮길 수 있는 지역그룹들이 있었고, 이런 아이디어를 채택하고 이에 협력하는 공무원들이 있었다는 점이다. 또한 재생가능에너지 보급량 자체에 중점을 두는 것이 아니라 한 개의 태양광발전기를 설치하더라도 어떤 의미를 부여할 것인지에 대한 깊은 고민이 있었다는 점이다.

전환거리운동은 전환운동의 가치를 가장 잘 보여주는 프로젝트이다. 전환을 준비하는 한 가구, 한 가구가 모여서 전환거리를 만들고, 전환거리가 늘어나면 전환마을을 만든다. 전환을 준비하기 위해 여러 가구가 모여서 함께한다는 것은 '개인'이 아닌 '공동체'가 답을 찾아야 한다는 것을 말한다. 전환거리운동이 확산되면서 공공건물의 지붕에도 변화가 일어났다. 2010년 8월, 토트네스 시민회관 지붕 위에 태양광패널을 설치하는 작업이 시작되었다. 트트네스 의회와 전환거리의 합작품으로, 태양광(14kW)을 설치해 전기를 팔아 얻는 수익은 탄소저감 프로젝트에 재투자한다.

♣ '전환거리'에 사는 니콜라스 씨

니콜라스 씨도 '함께 전환하기'에 참여하면서 태양광발전기를 올렸다. 그녀는 우리나라를 전혀 모른다면서 날씨에 대해 먼저 물었다. 사계절이 뚜렷하고 맑은 날이 많다고 이야기하니 태양광발전에 좋겠다며 부러워한다. 그녀는 같은 학교에 다니는 아이를 둔 학부모 모임을 통해 '함께 전환하기'에 참여했다. 아이들이 모여서 찍은 사진을 보여준다. 처음에는 부모들이 아이들 교육에 관해 이야기를 하다가 먹을거리 고민도 하고, 자연스럽게 텃밭에서 기른 야채를 함께 나눠먹게 되었다. 그러다 전환거리 프로젝트를 듣고, 함께 신청했다.

그녀는 하얀 종이 위에 꼼꼼하게 기록해놓은 전기, 물, 난방 에너지 사용량을 보여준다. '함께 전환하기'를 하다 보니 자연스럽게 소비량을 기록하고, 어떻게 줄일 수 있을까에 대한 정보를 나누기 시작했다. 물 소비를 줄이기 위해 빗물을 활용하는 방법도 고민하고 있다. 그녀의 집은 1980년대에 지어서 겨울에 너무 추웠는데, 벽 사이로 구멍을 뚫고 그 안에 단열재를 넣었다. 살다 보니 단열도 중요하지만 집의 방향에 따라 채광과 난방에 미치는 영향이 큰 것 같다고 말한다.

니콜라스 씨는 오늘 날이 맑아 전기를 많이 생산해 기분이 좋다고 말한다. 스마트미터계에 태양광 전력생산량이 표시된다. 오전 내 1.11kWh를 생산했다. 전력생산량은 이산화탄소 저감량과 전력판매금액으로도 나타난다. 니콜라스 씨 네 지붕은 남향이라 1년에 1,000kWh를 생산해 500파운드(88만 원) 정도를 벌어들일 수 있다. 생산한 전기는 고정가격매입제도를 통해 판매하고, 생활에 필요한 전기는 전력회사에서 공급받는

TTT에서 일하는 리즈 와터슨 씨는 '함께 전환하기' 모임이 전환의 촉매제가 되었다고 한다. "상점에 갈 때 차를 끌고 가는 대신 걸어가려고 작은 트롤리를 샀어요. 작은 일부터 시작했는데, 지금은 지붕 위에 태양광발전기를 올리게 되었죠. 모르는 사이에 많은 변화가 일어났어요."

TTT는 이 프로젝트를 에너지 복지 프로그램과 연결했다. 전환거리를 만들어가는 과정에서 사우스 햄스 디스트릭트 카운실(South Hams District Council: SHDC)과 논의해 저소득층을 위한 재정지원 프로그램을 마련한 것이다. 의회보조금으로 저소득층 지원을 위한 원칙을 만들었다. 저소득층일 경우 태양광발전기 비용의 최고 80%까지 보조금을 지원받을 수 있도록 했다. 또 지역금융기관인 웨식스 리인베스트먼트 트러스트 (Wessex Reinvestment Trust)는 고정가격매입제도를 활용하면 수익이 발생한다는 것을 확인하고 전환거리 신청자에게 융자를 해주기로 했다. 융자가 가능해지자 저소득층도 태양광 설치를 쉽게 결정할 수 있게 되었다.

전환거리를 만들 때, 가이드북이나 전환거리 진단사가 많은 도움을 주고 있다. TTT가 만든 『함께 전환하기 가이드북』은 태양광발전기 설치 전에 끝내야 할 일로 천장과 벽

단열이 중요하다 - 에너지 전환의 핵심은 건축!

단열개선사업은 주택의 에너지 비용을 줄일 수 있는 가장 효과적인 방법이다. 영국에서는 단열이 안 된 집에서 벽을 통해 열의 평균 35%, 천장을 통해26% 정도가 손실되고 있다. 열은 대류현상에 의해 따뜻한 곳에서 찬 곳으로 이동하기 마련이다. 겨울에는 날씨가 추울수록 집에서 더 많은 열을 빼앗기게 된다. 벽과 천장에 단열재 보강수리를 하면 1년에 평균 390파운드를 절감할 수 있는 것으로 나타났다.

전환거리 만들기는 '아늑한 데본 만들기(Cosy Devon Project, www.cosydevon.co.uk 참고)' 프로젝트와 연결되어 있다. 데본 주의 10개 지자체와 에너지 액션 데본, 가스 전력 공급기업 에온(E.ON)이 공동으로 협력해 만든 프로그램으로, 개인주택을 방문해난방효율화 진단서비스를 제공하고 단열개선기금을 지원한다. 주로 주택단열 개선사업을 진행하는데, 연간 가구소득이 1만 6,190파운드

(2,800여 만 원)이하인 자녀세액공제(Child Tax Credit) 수혜자이거나 연금 크레디트(Pension Credit) 수혜자에게는 단열사업을 무료로 해 줄 뿐만 아니라 100파운드(18만 원 정도)를 현금으로 제공한다. '아늑한 데본 만들기'는 에너지 액션 데본의 에너지 절감 트러스트 (Energy Saving Trust) 펀드를 받아 운영된다. TTT는 전환거리를 만들 때 '아늑한 데본 만들기' 프로젝트를 적극 활용했다. 지역에서 화석연료와 탄소발생량을 줄일 수 있고, '에너지 빈곤'에 처한 가정들도 도울 수 있기 때문이다. 장기적으로 토트네스와 주변 지역에 있는 모든 가정이 에너지 진단과 단열개선사업을 받는다는 목표를 세웠다.

주택과 건축 활동그룹에서는 네 개 모임이 동시에 운영되고 있다. 지역개발계획에 관여하는 '계획행동 그룹', '생태건축 그룹', '코하우징 그룹', '전환가구 그룹'이 그것이다. 그중에서 코하우징 그룹에서 재미있는 시도가 진행되고 있다. 코하우징은 개인집과 공동공간으로 구성된 작은 마을을 의미하는데, 토트네스에서는 발틱 와르프(Baltic Wharf) 지역에서 시도되고 있다. 아이들이 신나게 뛰어놀 수 있는 공간을 마련하고, 카셰어링을 하며, 공간 배치도 공동체의 협력을 북돋울 수 있는 방향으로 디자인했다. 설계할 때부터 저에너지주택을 고려하며, 공동체 텃밭과 작은 과수원도 만들었다.

한국에서는 성미산마을에서 '소통이 있어서 행복한 주택 만들기'라는 코하우징 모델을 만들었다. 소행주 1호에 입주한 9가구는 땅을 선택하고, 설계하고, 지으면서 서로를 알아가는 과정을 거쳤다. 작은 차이가 있다면 토트네스 코하우징 그룹은 마을의 에너지 문제에 매우 적극적으로 관심을 갖고 있다는 점이다.

매년 가을(9월)이면 토트네스에서는 에코홈 박람회와 주택방문 프로그램이 열린다. 토트네스와 다팅턴 일대에서 진행되는 에코홈과 전환거리 참여가정을 시민들에게 공개해 생태건축과 재생가능에너지 설치에 관한 정보를 제공하고 있다.

에너지 고효율 전구 교체사업

TTT 그룹은 조명 분야에서 사회적 기업을 만들기 위해 에너지 고효율 전구 교체 시범사업을 시작했다. 상점에서는 상품진열을 위해 조명을 많이 사용하는데, 고효율 전구로 교체하면 에너지 소비와 비용을 동시에 줄일 수 있다. 조명전문가가 각 상점마다 방문해 적정 조명 수준을 측정하고, 필요한 조명을 고효율 전구로 교환할 때 드는 비용과 앞으로 줄어들 전기요금을 비교해 정보를 제공했다. 조명에너지 진단은 무료로 진행되었는데 이피션트 라이트(Efficient Light)는 토트네스와 지역상점에 한해 10% 할인을 해주고 있다. 이 프로젝트는 토트네스 상공회의소와 협력해 진행했다. 시범으로 진행한 사업이었는데, 30개 상점을 방문한 결과 사업장 당 1년에 약 1,000파운드에 달하는 전기요금을 절약할 수 있었다. 고효율 전구 구입에 대한 비용을 회수하는 데는 약 6~9개월이 걸렸다. 사업자들이 직접 이피션트 라이트에 연락하면 고효율 조명 개선사업에 대한 진단을 받고 교체할 수 있다.

토트네스재생가능에너지협회

'토트네스 재생가능에너지협동조합(이하 TRESOC)'은 재생가능에너지를 생산하는 일이 지역의 산업이 될 수 있도록 준비하고 있다. TRESOC은 재생가능에너지 자원을 개발하기 위해 지역공동체가 민주적으로 소유하고 운영하기 위해 만든 비즈니스 모델이다. 지난 4년여 간의 준비를 통해 풍력발전기 설치계획을 세웠고, 업체도 선정했다. 지금은 협동조합에 투자할 주민들의 투자금을 모으고 있다. 지역상점마다 TRESOC에 출자할 사람을 모집하는 광고 전단지가 붙어 있다.

이 활동은 2007년 11월, 전환마을 토트네스 에너지 모임에서 시작되었다. 모임에 참여한 사람들이 자발적으로 역할을 맡아 조합 설립에 따른 재정문제, 기술적인 문제, 투자자를 모집하기 위해 시민들과 소통하는 일 등을 해냈다. 협동조합 초기 참여자들은 TRESOC을 지역공동체가 운영하기에 가장 적합한 구조와 의사소통 체계를 갖추도록 노력해왔다.

먼저 자원이 풍부하면서도 효율이 높은 풍력발전을 시도하기로 했다. 풍력발전기업으로 인피너지(Infinergy)와 합작해 조사한 결과, 루스콤 크로스(Loscombe Cross) 인근이 상업풍력발전 잠재력이 크다는 것을 알아냈다. TRESOC과 인피너지는 토지 소유주와 계약을 체결하고 공동으로 풍력자원을 개발하기로 했다. 토트네스 커뮤니티 풍력발전단지(Totnes Community Wind Farm) 건설에 착수한 것이다. 설치가 완료되면 2.3MW 풍력발전기 터빈 2기로 2,500가구가 사용할 수 있는 전력을 생산하게 된다. 예상 수익률은 6~10%이다. 풍력발전기 운영은 인피너지가 맡아서 토지 비용을 지불하고 발전기를 세운다. TRESOC은 공동출자를 하는데, 자본지분은 TRESOC 최대 49%, 인피너지는 최소 51%까지 취득할 수 있다. 만약에 인피너지가 자산을 팔 경우 TRESOC이 우선 매입할 권리를 갖게 된다.

운영담당자 이안 브라이트(Ian Bright)를 만났다. 그는 1994년 나무를 이용한 난방 프로젝트에 참여하면서 재생가능에너지와 인연을 맺었다. 2000년 토트네스로 이주했고, 2003년부터 7년 동안은 섬머셋 카운티 카운슬의 에너지 담당 공무원으로 일했다. 2010년 10월부터는 오로지 TRESOC 일에만 전념하고 있다. 이안은 토트네스에서 활용가능한 재생가능에너지 자원을 찾아내고, 기술을 결합해 사업화하는 일을 하고 있다. 토트네스에는 바람, 바이오매스, 소수력발전, 태양광자원이 있다. 활용할 수 있는 기술로는 풍력 터빈, 혐기성 소화, 우드칩 난방, 목질 가스화와 열분해, 하이드로 터빈, 태양전지와 태양열난방이 있다.

이안은 TRESOC이 하는 일이 토트네스 역사에서 가장 규모가 큰 사업이라고 말한다. 프로젝트가 완성되면 전체 가정용 전력의 4분의 1을 생산해 전력자립률을 높일 수 있다. TRESOC은 풍력발전을 주민들의 기업으로 만들어 에너지 생산을 통한 이득이 외부로 빠져나가지 않고 토트네스 경제에 도움이 되도록 할 예정이다. 재생 가능에너지 생산에서도 민주적인 절차와 지역경제와 결합하는 것이 중요하다. 지금 집중하는 일은 풍력발전단지의 자본지분 49%를 확보하도록 투자금을 모으는 것이다. 이안은 은행금리가 낮기 때문에 돈이 재생가능에너지 쪽으로 점점 더 많이 투자되고 있다고 한다. 생산하기 좋은 곳에 설비를 건설하면 매우 안정적인 수익을 챙길 수 있다는 것이다. 태양광발전은 풍력발전보다 빠르게 추진할 수 있다. 토트네스 인근 해치랜드 농장에 이미 태양광발전기를 설치했다. 투자수익이 3~5%정도에 도달할 것으로 보인다.

TRESOC에 출자할 사람들은 반드시 토트네스에 거주해야 한다. 토트네스 사람들만 참여할 수 있고, 20~20,000파운드까지 출자할 수 있다. 또 1인 1표제를 채택하고 있다. 2011년 12월 10일 열린 총

<그림 2-7> 토트네스 풍력발전사업 시간 계획표

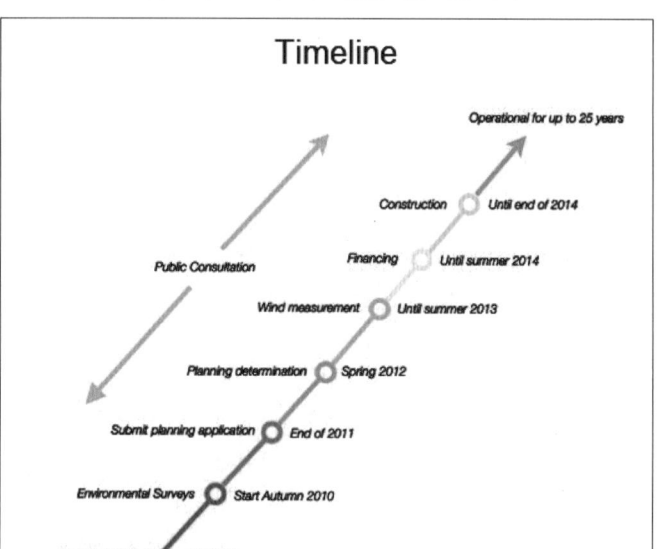

▶ 프로젝트 시작(2010년 중순) → 환경조사(2010년 가을 시작) → 계획 제안(2011년 말) → 계획 결정(2012년 봄) → 풍력발전 자원조사(2013년 여름까지) → 자금 조달 (2014년 여름까지) → 공사(2014년 말까지) → 25년 동안 가동 ↔ 전 과정 공공 협의
자료: www.tresoc.co.uk

회에서는 다양한 의견이 쏟아져나왔다. 한적한 시골이 풍력발전 소로 뒤덮이는 것은 아닌지에 대해 걱정을 하는 사람이 있었다. 그러나 풍력도 좋은 바람자원이 있어야 활용할 수 있기에 전 지역에 풍력발전기가 설치되지는 않을 것이며, 풍력발전단지가 대형 화력 발전소나 핵발전소보다 훨씬 바람직하다는 데 모두 동의했다. 소

음에 관한 워크숍도 열었다. 입지를 둘러싼 갈등을 미리 해결하기 위해서였다.

2010년 310명이었던 출자자들은 2013년 현재 502명으로 늘어났다. 2011년에는 9월 5일부터 2주에 걸쳐 태양광발전 투자자 확대를 위한 집중 캠페인을 벌였다. 안내자료를 만들어 1만 1,000명의 주민들에게 보내고, 지역상점에도 붙였다. 지역언론도 활용하고, 보트축제에서도 설명회를 열었다. 이안 브라이트는 "TRESOC 모든 멤버들은 재생가능에너지에 투자함으로써 매년 건강한 수익을 얻을 수 있다는 믿음과 희망을 갖고 있다"라고 전한다.

우리나라에서도 TRESOC 같은 지자체나 지역공동체가 소유하고 운영하는 재생가능에너지 조합이나 기업을 충분히 만들 수 있다. 실제로 발전차액지원제도를 통해 농민이나 지역주민들이 투자해서 만든 강원도 인제군 남전마을의 태양광발전협동조합과 제주도 화순의 번내태양광발전주식회사가 있다. 전국적으로 확산되는 시민햇빛발전운동도 있다. 문제는 2012년부터 발전차액지원제도가 의무할당제로 바뀌면서 재생가능에너지 확산에 어려움을 겪고 있다. 공동체의 노력도 중요하지만 그런 노력을 북돋아줄 수 있는 좋은 제도를 마련하는 것도 중요하다.

에너지 전환만이 아니다

지역먹을거리를 통해 회복력 키우기

광우병이라는 혹독한 시련을 경험한 뒤 토트네스에서는 유기농 친환경농업과 전통적인 목축방식이 자리잡기 시작했다. 영국에서 제일 큰 유기농 채소농장인 리버포드가 그러한 흐름을 이끌고 있다. 다섯 남매가 운영하는 이 농장은 유기농채소 박스를 주민들에게 공급한다. 농장에서 아침에 직접 수확한 유기농식품을 집 앞까지 배달하는 것이다. 더불어 이 농장은 200명이 넘는 지역민을 고용하고 있어 일자리 창출효과도 크다.

영국은 전통적으로 정원 가꾸기가 활발한 곳이다. 대신 토트네스에서는 정원에 꽃과 나무 대신 먹을 것을 심는다. 점심 샐러드를 만들 재료를 정원에서 구한다. '텃밭 공유'도 활발하다. 땅은 있는데 시간이나 의지가 없어서 땅을 방치하는 사람과, 땅이 없지만 텃밭을 가꾸고 싶어 하는 사람을 연결해주는 것이다. 가든을 돌아가며 방문하고, 경험을 이야기하고, 수확물을 나눈다. 마을 곳곳에는 먹을 수 있는 견과류 나무를 심고 있다. 마을공동체가 함께 나무를 심고 너트 나무 하나하나마다 돌보는 사람을 정해 가꾸기도 한다. 여성들은 '시디 시스터즈 모임'을 통해 토종 씨앗을 보존하기 위한 노력을 기울인다. 또 야생초를 활용해 먹을거리와 약을 얻는 지혜

〈그림 2-8〉 리버포드 농장의 태양광발전기

도 서로 나눈다.

농장에서 생산한 신선한 식품으로 요리를 만들어 판매하는 '농장식당'은 예약을 하지 않고서는 맛볼 수 없을 정도로 인기를 끌고 있다. '로컬푸드 가이드북'은 지역농민과 판매가게에 관한 정보를 담아 마을 곳곳에 비치해두었는데, 이 책을 만드는 과정에 주민들이 함께 참여했다. 이 책은 생산자와 로컬푸드로 음식을 만드는 레스토랑을 소개해 소비자들이 지역식품을 먹도록 함으로써 지역경제에 도움을 주고 있다.

〈그림 2-9〉 역사와 전통을 자랑하는
동네 정육점 루스콤

〈그림 2-10〉 지역에서 생산한 질
좋은 치즈를 판매하는 티클모어
치즈가게

유기농, 수공예, 지역화폐로 활기찬 지역경제

토트네스의 경제는 건강한 먹을거리에 기반을 두고 있다. 시내 중심가에 있는 모든 식료품 가게와 정육점에서는 로컬푸드를 판매한다. 레스토랑이나 카페에서도 유기농 먹을거리를 식재료로 사용하는 것이 일반적이다. 루스콤 정육점 주인은 "시내에 오래된 정육점이 4개나 된다. 다른 지역에서는 대형할인마트나 슈퍼체인 때문에 정육점이 사라졌지만 토트네스에서는 지역먹을거리를 구매해주는 주민들 덕분에 이렇게 잘 유지가 되고 있다"라고 전한다. 물론 신선하고 안전한 육류를 제공하기 위해 노력해온 축산농가의 노력이 더해진 덕분이다.

장인들이 만드는 수공예품은 전 세계로 팔려나간다. 특히 가죽 구두가 유명하다. '그린슈즈'나 '콩커'에서 만든 구두는 인터넷을 통해 세계인들과 만난다. 기타를 만드는 장인들도 있어서 많은 젊은이들이 기타 제작을 배우기 위해 이곳으로 온다. 각종 공예품을 파는 가게 간판에는 "중국산 아님 (Not made in China)"이라고 적혀

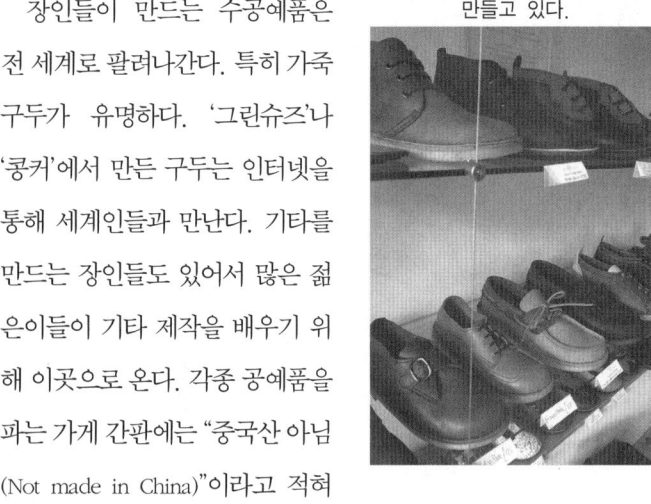

〈그림 2-11〉 수제신발가게 콩커. 가게 한쪽에서 구두를 직접 만들고 있다.

있다. 주인에게 중국사람들이 보면 항의하지 않겠냐고 물어보았더니, 주인은 이렇게 대답한다. "중국산 제품을 팔지 않는 다는 것이 아니라 대량생산에 반하는 의미로, 손으로 정성들여 만든 수공예품을 판매한다는 것을 상징하는 것이다"라고. 유기농 면제품을 전문으로 판매하는 그린파이버와 유기농 슈퍼마켓 그린라이프, 친환경 그린카페 등에서도 녹색상품을 쉽게 구매할 수 있다.

토트네스 지역경제를 상징하는 것 중 하나가 바로 '토트네스 지역화폐'이다. 대전 '한밭레츠' 같은 것인데, 화폐가 지역사회 안에서 유통되도록 만든 것이다. 많은 상점에서 '토트네스 파운드'를 취

급한다는 마크를 붙이고 있다. 토트네스에서는 피크오일 시대를 대비하는 지역경제의 대안으로 지역의 농산물과 생산품을 판매하는 수많은 작은 가게들, 지역화폐, 에너지 전환을 준비하는 커뮤니티 비즈니스 활성화를 실험하고 있다.

교통의 대안 – 자전거 워킹그룹과 닥터 바이크

석유에서 독립하기 위해 반드시 해결해야 할 부문이 운송이다. 자동차 사용을 줄여야 하는데, 이 사람들 재미있다. 토트네스에서는 차량을 줄이기 위해 해마다 주차장을 목표로 정해두고 텃밭으로 바꾸는 활동이 벌어지고 있다. 올해는 어디의 주차장을 텃밭으로 바꾼다는 목표를 세우고 달성하기 위해 노력하는 것이다.

토트네스 한복판에는 릭샤가 달린다. 릭샤는 인도나 방글라데시에서 흔히 볼 수 있는 이동수단인데, 이곳에서는 오토바이를 개조해 3륜차인 오토릭샤로 만들었다. 이 오토릭샤는 동네에서 쓰고 남은 폐식용유를 모아 만든 바이오디젤을 연료로 달린다.

자전거 워킹그룹은 자전거가 레저가 아니라 일상생활의 교통수단으로 자리잡도록 노력하고 있다. 5~30마일 정도의 거리는 자전거로 이동할 수 있도록 공동체 자전거 타기를 촉진했고, 직접 자전거 수리 워크숍과 가게도 열었다. 매달 첫째 주 일요일에는 주민들이 직접 참여해 자전거도로를 개발하기 위한 모임도 갖고 있다. 자

전거 워킹그룹의 리더인 줄리안 번(Julian Burn)은 토트네스에서도 자전거 이용이 자리잡기가 쉽지 않다고 한다. 친환경 상품을 파는 그린라이프도 가게 앞에 자전거정류소를 설치하는 것을 반대해 설득하는 데 어려움을 겪었다고 한다.

트랜지션 네트워크에서 활동하면서 토트네스 파운드를 운영하는 벤(Ben)은 닥터 바이크로도 활동하고 있다. 그는 토트네스 마켓이 열리는 토요일 장터에서 자전거를 수리한다. 토트네스 사람들이 보다 안전하고 편리하게 자전거를 타고 다닐 수 있도록 시작한 일인데, 전문적인 지식을 얻길 원하는 사람들을 위해 워크숍도 열고 있다. 닥터 바이크는 서비스의 대가로 토트네스 파운드, 물물교

〈그림 2-13〉 배럴하우스에서 영화 〈빚으로서의 돈(Money as Debt)〉 상영

환, 시간교환, 파운드, 안아주기, 유기농 파이와 차 한 잔, 리버포드
에서 만든 생강과자 등을 받고 있다.

문화와 교육으로 다져가는 전환마을

시내 중심에 위치한 펍, 배럴하우스는 문화와 교육이 교류되는
공간이다. 녹색당 모임이 열리고, 지역가수가 콘서트를 열고, 엠네
스티 인권활동 후원의 밤이 열린다. 토트네스 외곽에 위치한 슈마
허 칼리지를 방문했던 사상가들이 꼭 들러서 강의를 하는 곳이기
도 하다. 지금까지 내놓으라 하는 생태사상가들은 물론, 슈마허 칼

리지의 공동설립자 사티쉬 쿠마르(Satish Kumar), 『물전쟁』의 저자 반다나 시바(Vandana Shiva), 『파티는 끝났다』의 저자 리처드 하인버그(Richard Heinberg)도 강의를 했다. 맥주를 파는 펍이 지역사회에서 소통의 공간으로 활용되는 것을 보면 옛날 우리의 주막이 생각난다. 소통을 위한 공동체의 공간이 있는 것이 매우 중요하다.

슈마허 칼리지는 토트네스 전환마을의 지적 자양분을 제공한다. 토트네스에서는 상점과 도서관, 성당, 박물관, 시장 곳곳에서 전환운동에 대한 자료를 얻을 수 있다. 누구나 마음만 먹으면 쉽게 전환운동에 동참할 수 있는 것이다.

박물관 일을 하면서 'TRESOC' 창립멤버로 활동하는 알렌 씨는 시간이 날 때마다 석유가격을 체크한다고 했다. 토트네스에 머무는 동안 숙소를 제공해주었던 캐시 아주머니는 앞마당에서 기른 야생마늘을 뜯어서 샐러드를 만든다. 정원에서 가지치기한 나무로 겨울철 난방연료를 준비한다. 전환마을의 개념을 만들어내고 또 토트네스를 전환마을로 만들기 위해 활동하는 롭 홉킨스는 비행기 여행을 중단했다. 이들이 바로 토트네스 주민들이다.

그들은 피크오일 이후의 삶도 잘 준비만 하면 충분히 즐겁고 행복할 수 있다는 믿음을 가지고 있다. 무엇보다 주민들이 건강하고 행복해 보인다. 또 재미있어 보인다. 이것이 바로 토트네스 '전환마을' 운동에 주목할 수밖에 없는 이유이다.

3

/

전환도시 서울, 가능한가?

'전환마을'에서 '전환도시'로 – 로스앤젤레스와 런던

서울에서 토트네스 모델을 구현하는 것은 규모 면에서 상상이 안 된다. 그러나 로스앤젤레스와 런던에서도 전환운동이 진행되고 있다. 어떻게 가능한 것일까?

미국 로스앤젤레스

로스앤젤레스에서 전환운동을 시작한 그룹들도 처음에는 똑같은 질문을 던졌다. "정말 로스앤젤레스 같은 거대 도시에서 전환모델을 적용하는 것이 가능하기나 한 거야?"라고.

다음 대화를 읽어보자(https://sites.google.com/site/transitionlosan

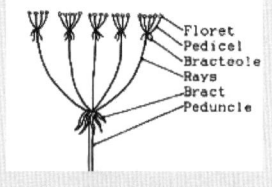

〈그림 3-1〉 로스앤젤레스 전환모델의 상징인 산형 꽃차례 식물구조 (순서대로 꽃 부분, 작은 꽃자루, 소포엽, 줄기, 포엽, 꽃자루)

geles/ 참고).

전환로스앤젤레스는 경험을 통해 전통적인 탑다운 방식은 전환운동에 전혀 어울리지 않는다는 것을 알게 되었다. 로스앤젤레스의 전환과정은 주변 산에서 흔히 볼 수 있는 야생화인 회향에서 영감을 받았다. 섬세한 모양이지만 당겼을 때 강인하고 거친 줄기를 가진 회향, 수많은 작은 꽃과 그것을 받치고 있는 줄기와 꽃자루의 지원구조를 전환운동의 모델로 받아들였다.

워킹그룹을 상징하는 작은 꽃이 모여 지역에 적합한 재미있고 매력적인 활동을 벌이고, 워킹그룹의 대표가 줄기 역할을 하며, 포엽과 꽃자루가 전환운동을 떠받친다. 결국 도시의 규모보다는 전환운동의 조직과 구성, 활동 내용이 중요하다는 이야기이다. 전환은 공동체 구성원들의 창조성을 통해 피어난다. 지역그룹들이 스

<〈그림 3-2〉 TLA 로고가 그려진
티셔츠>

<〈그림 3-3〉 TLA 홈페이지>

자료: https://sites.google.com/site/transitionlosangeles

스로 재기술 강의를 열고, 인식증진 활동을 하는 워킹그룹이 되도
록 만드는 것이 중요했다. 전환로스앤젤레스는 꽃자루와 같은 역
할을 하며 아름다운 꽃이 피도록 전체를 느슨하게 연결하고 영양
을 보급하는 역할을 한다.

다이어그램의 작은 꽃(꽃 부분 - 작은 꽃자루 - 소포엽)은 전환로
스앤젤레스(T.L.A)에서 '포드(Pods)'라고 부른다. 포드는 일을 시작
하는 주창자로서 전환운동을 지속할 수 있도록 돕는 개인이나 전
환개념을 포용하기 시작한 그룹, 또는 전환을 실현하기 위해 새롭
게 모인 그룹이라고 할 수 있다. 포드가 잘 되면 지역워킹그룹으로
서 프로젝트를 실행하기도 한다. 하나의 포드가 자체적인 규범과
재정능력을 갖는 전환 프로젝트를 진행할 수 있다.

포드가 역할을 잘 하기 위해서는 지역공동체 안에서 기후변화와 피크오일에 대한 인식을 확산해야 한다. 포드그룹은 전환의 7대 원칙과 12개 절차가 제시한 원칙에 맞게 활동해야 한다. 포드는 전환로스앤젤레스 달력 페이지에 관련 활동을 게시할 수 있다. 포드는 지역활동을 알리고 통합할 수 있는 웹페이지나 블로그, 온라인 광고 전단지, 전자우편 주소, 토론그룹 등을 통해 소통한다. 포드는 전환로스앤젤레스 허브 페이지 콘텐츠 작성에도 참여할 수 있다. 포드가 되는 데에 특별한 신청절차는 없다. 일반 대중에게 전환활동을 지속적으로 제공하기로 '준비'가 되어 있기만 하면 되는 것이다. 전환을 향한 12단계 과정에서 요구되는 점수나 자격 같은 것은 없다. 포드는 지리적으로 근접해 있거나, 회원이 소속감을 느낄 수 있는 기존 그룹이나 종교그룹으로 구성하는 것도 가능하다. 대부분의 경우 지리적으로 가까운 그룹으로 구성된다.

줄기(Ray)는 전환로스앤젤레스 코어 팀의 일환으로, 포드 대표들로 구성되어 있다. 줄기 역할을 하는 이들은 개별 지역이 공동의 목표를 향해 함께 일하는 것을 돕는다. 줄기의 역할은 로스앤젤레스 지역에 소통이 꽃피게 하고, 포드들 사이에 아이디어가 서로 교류되도록 돕는다.

포엽(Bracts)은 전환로스앤젤레스 코어 팀에 참여하는 사람들이다. 로스앤젤레스의 전환운동의 방향을 결정하는 핵심 조직이라고 할 수 있다. 꽃자루(Peduncle)는 TTT와 같이 전환의 촉진자들로, 전환운동 전체를 지원하는 역할을 한다.

전환로스앤젤레스는 — 국제전환네트워크에 의해 '도시허브'라고 불리는 — 선형화에서 꽃자루와 같다. 지역에서 일어나는 전환활동에 대해 기본적인 지원을 한다. 전환로스앤젤레스의 주요 기능은 지역포드 사이에서 지속적인 소통이 이뤄지도록 돕는 것이다. 전환로스앤젤레스는 전환교육과 다양한 이벤트를 제공하고, 시티허브(City Hub)라는 홈페이지를 운영한다. 전환로스앤젤레스의 목표는 지역공동체의 회복력과 자급력을 길러가는 것이다. 시민들의 안전과 행복은 에너지 위기가 닥쳤을 때 얼마나 잘 준비했는가에 따라 달라진다.

화분매개자(Pollinators)의 역할도 중요하다. 이들은 꽃과 꽃 사이를 날아다니며 화수분하는 나비와 같다. 어떤 사람들은 단지 한 지역에 머물지 않고 로스앤젤레스 전 지역에서 벌어지는 수많은 그룹과 활동에 참가하기를 원한다. 이들은 전환도시 로스앤젤레스를 만드는 데 있어 교차수분을 하는 매우 중요한 역할을 한다. 아이디어가 지속적으로 확산될 수 있도록 포드와 포드 사이를 이동하면서 사람들이 지속적으로 전환에 대해 이야기할 수 있도록 만든다.

로스앤젤레스라는 거대 도시는 수많은 작은 포드로 이뤄져 있고, 이 그룹들이 전환을 받아들이고 전환의 삶을 살아가는 방식으로 운동이 일어나고 있다. 전환로스앤젤레스는 2008년 12월 전환 훈련을 받은 사람들이 출현하면서 형성되었다. 이렇게 시작한 멤버들은 웨스트체스터의 교회, 마리나 델 레이 요가센터, 베니스 텃밭 공동체, 산타 모니카 퍼머컬쳐그룹 등 환경활동에 관심 있는 다양한 그룹에 속해 있었다. 이 그룹들이 전환활동 센터와 같은 역할을 하면서 전환네트워크와 연결고리 역할을 하는 '시티 허브'를 출범시켰다.

현재 전환로스앤젤레스는 에너지 하강 행동계획을 수립하고 있는 중이다. 2030년 어떤 도시에서 살고 싶은가에 대한 의견 수렴을 마치고 각 분야별로 목표를 정하는 단계에 들어갔다. 서울에서 에너지 하강 행동계획을 세운다면 로스앤젤레스와 같이 홈페이지를 열어놓고 시민들이 참여해 계획을 수립하는 단계를 밟는 것도 시도해볼만 하다. 다만 계획을 수립하는 시간이 꽤 오래 걸리기 때문에 인내심을 가져야 한다.

로스앤젤레스에서 전환그룹은 인식 확장 → 비슷한 뜻을 가진 사람들이 핵심 그룹 만들기 → 지난 40여 년간 잊어버리고 있었던 기술 익히기 → 구체적인 프로젝트를 정해 실천하기 → 네트워크 연결하기 순으로 활동한다. 홀리 내티비티에서 진행한 공동체 텃밭 프로젝트는 매우 성공적이다. 2008년 1월, 환경변화를 만드는

First Steps to Transition

☼ Raise awareness

Films, events and talks can alert the community to the potential effects of both Peak Oil and Climate Change. While climate change calls for a reduction in carbon emissions, peak oil demands that we increase community resilience.

Here's how to start a Transition initiative in your local area...

☼ Establish a core team

Gather some like-minded people to drive the project forward during the initial phases.

☼ Facilitate the "Great Reskilling"

Offer training in the vast range of practical skills which we have lost over the past 40 years—skills like food production and preservation, repairing, water harvesting, construction with local materials, growing local economies, etc.

☼ Create physical projects

which grow the resilience of your community. These might be productive tree plantings, solar panels, or a beautiful cob structure. Demonstrate that something is happening.

Tree planting

The future with less oil could be better than the present, but only if we engage in designing this Transition with creativity and imagination.

—**Rob Hopkins,** founder of the Transition Towns movement

Bread baking

Solar cooking

☼ Build connections

Network with existing complementary groups. When the time is right, build a bridge to local government. Rather than duplicating their work, you're requesting their input in a new way of looking at the future.

☼ Eventually your team will...

Tap into the collective genius of your community. Set up working groups to focus on all key aspects of local life such as: energy, food, water, building, transport, business, education, health, psychology, waste. After about a year, you'll be ready to develop an Energy Descent Action Plan, and the task of transitioning to a life beyond oil begins...

The full "12 Steps of Transition" are online at the "Transition Primer" **www.TransitionTowns.org**

Local food

자료: https://sites.google.com/site/transitionlosangeles

사람들(The Environmental Change-Makers) 그룹은 도시농업 그룹과 함께 웨스트체스터 지역에 있는 홀리 내티비티 교회에 공동체 텃밭을 조성하기 시작했다. 텃밭은 협동적으로 운영되고 있으며, 먹을거리를 어떻게 재배할 것인지에 대한 정보를 나누고 교육하는 장소가 되고 있다. 먹을거리 전환그룹은 유기농 채소를 재배하는 법에 대한 강의도 열고 있다

영국 런던

런던 시는 2006년부터 '기후변화'에 적극 대응하고 있다. 시에서 설립한 런던기후변화청(London Climate Change Agency Ltd: LCCA)을 중심으로 온실가스를 줄일 수 있는 다양한 프로젝트를 추진하고 있다. 런던 시장이 이사회 의장으로 역할하면서 '기후변화' 정책을 전담해 입안하고 실행할 수 있는 기관을 만든 셈이다.

런던 기후변화전략의 핵심은 '지역에너지(Local Energy)' 정책이다. 에너지 소비를 줄이고, 2025년까지 필요한 에너지의 25%를 런던 내에서 생산하는 것이 목표이다. 분산형에너지 시스템을 갖춰 소비지에서 에너지를 생산하게 되면 에너지 손실도 줄어들고 위기에 대한 회복력도 높아진다. 따라서 시에서 꾸준히 계획을 세우고 투자해 냉방·난방·전기를 한꺼번에 생산하는 열병합냉난방 시스템과 태양광, 지열, 조력과 같은 재생가능에너지 비중을 높이고 있다.

구체적으로 살펴보면 신규 개발 지역의 에너지 공급은 열병합

발전소를 활용하고, 혐기성소화, 생물학적 처리, 열분해, 가스화 같은 새로운 기술을 이용해 에너지 생산에 나선다. 템스 강 어귀에 세계에서 규모가 가장 큰 해안풍력발전소를 짓는 런던 어레이(London Array) 프로젝트를 추진하고 있으며, 녹색주택, 녹색기관 프로그램을 통해 중소규모 재생에너지 발전소를 조성한다. 2013년까지 런던의 비전을 담은 런던계획(The London Plan)도 열병합발전 네트워크 연결이 중심이 되도록 수정했다.

런던플랜에서 가정 단위의 계획을 살펴보면, 녹색주택 프로그램을 통해 주택 소유자에게 지붕 및 벽 단열사업을 지원하는 런던 와이드 프로그램과, 인터넷과 전화로 에너지 절약방법 및 소규모 재생가능에너지 설비에 관한 정보를 제공하는 원스톱 숍 서비스를 구축했다. 상업 및 공공은 건물주가 건물 에너지 효율을 높이면 인센티브를 제공하는 녹색기관 프로그램을 채택했다.

런던 시내에서는 벌써 변화가 감지된다. 웨스트민스터 사원, 버킹엄 궁전과 템즈 강을 마주하는 국립극장, 트래펄 가 광장 전체 조명을 발광다이오드(LED) 조명으로 바꿨다. LED등은 기존 조명보다 에너지 효율이 40%나 높고, 오래 쓸 수 있다. 국립극장은 조명설비를 바꾼 것만으로 에너지 비용을 70%나 줄여 매년 100만 파운드(약 2억 원)를 절약하고 있다.

'런던의 교통지옥'은 혼잡통행료를 부과하면서 개선되고 있다.

도로 곳곳에 쓰인 'C'(congestion zone, 징수 구간을 나타내는 표시)라는 큰 글자와 폐쇄회로텔레비전(CCTV)을 통해 런던 시내 중심지로 차를 몰고 들어가려면 하루 8파운드(약 1만 6,000원)를 내야 한다. 런던 도심에서 CCTV에 찍히고도 밤 12시까지 통행료를 내지 않으면 연체시간에 따라 무거운 벌금이 부과된다. 2003년, 켄 리빙스턴 시장이 추진한 이 혼잡통행료 정책으로 도심의 자동차 교통량은 21%, 이산화탄소 배출량은 20% 줄었고, 자전거 통행량은 66% 급증했다. 출퇴근 수단을 승용차에서 버스 등 대중교통으로 바꿀 경우 런던 시민 1인당 연평균 0.6톤, 자전거를 이용할 경우 1.1톤 정도의 CO_2를 줄일 수 있다고 한다.

이렇게 런던 시는 '전환운동'이나 '전환도시'라는 표현을 쓰지는 않았지만 기후변화에 대응하기 위해 에너지 절약부터 생산까지 차곡차곡 실행하고 있다. 이러한 활동을 바탕으로 탄소저감단지인 '베드제드(BedZed)'나 지역에너지 자립도가 높은 지자체인 '워킹구(working borough)'와 같은 분산형에너지의 모범사례가 나오고 있다. 더불어 토트네스의 영향을 받은 전환운동이 약 20여 개 지역에서 매우 적극적으로 벌어지고 있다.

런던에도 로스앤젤레스와 같이 전환운동이 모두 망라된 홈페이지가 있다. 홈페이지의 목적은 그룹네트워킹, 자료교환, 새로운 전환프로젝트에 대한 동기부여와 홍보에 있다. 전환운동에 참여하

Be lsize	www.transitionbelsize.org.uk
Bethnal Green	www.bethnalgreentransition.org
Bloomsbury	www.transitionbloomsbury.org.uk
Brentford	transitionbrentford.wordpress.com
Brixton	www.transitiontownbrixton.org
Brockley/Lewisham	transitionbrockley.blogspot.com
Chiswick	www.chiswicktransition.org
Crouch End	www.transitioncrouchend.org.uk
Crystal Palace	www.crystalpalacetransition.org.uk
Dartmouth Park	www.transitiondartmouthpark.org.uk
Ealing	www.ealingtransition.org.uk
Finsbury Park	www.transitionfinsburypark.org.uk
Hackney	tthackney.ning.com
Haringey	sustainable-haringey.wikispaces.com
Heathrow	www.transitionheathrow.com
Highbury	transitionhighbury.org.uk
Highgate	transitionhighgate.org
Hyde Farm	www.hydefarm.org.uk
Kensal to Kilburn	ttkensaltokilburn.ning.com
Kentish Town	www.transitionkentishtown.org.uk
Kingston	www.ttkingston.org
Leytonstone	www.transitionleytonstone.org.uk
New Cross	www.transitionnewcross.org
Peckham and Nunhead	www.transitiontownpeckham.org
Penge	www.transitionpenge.org.uk
Primrose Hill	www.transitionprimrosehill.org
Streatham	www.transitionstreatham.org
Stoke Newington	www.ttstokenewington.org.uk
Tooting	transitiontown tooting.blogspot.com
Tottenham	sustottenham.wikispaces.com/
Tufnell Park	www.transitiontufnellpark.org.uk
Waltham Forest	www.transitionwf.org
Walthamstow	transitionwalthamstow.org.uk
Wanstead	www.transitionwanstead.org.uk
Wandsworth	ttwandsworth.wordpress.com
Westcombe	transitionwestcombe.blogspot.com
Wimbledon	www.projectdirt.com/group/transitiontownwimbledon

〈그림 3-5〉 런던에서 벌어지는 다양한 전환운동 프로그램을 소개하는 그림

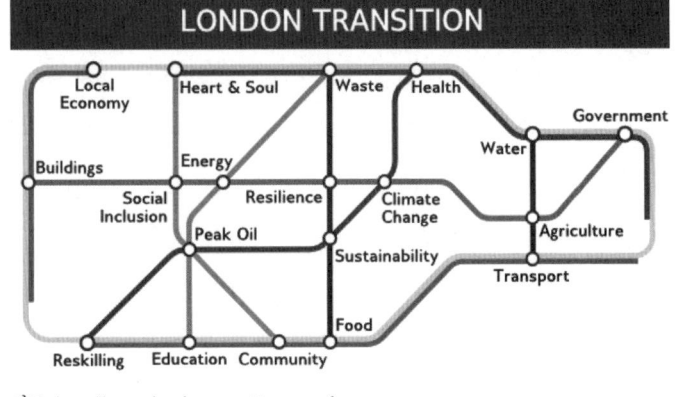

자료: http://www.london-transition.org.uk

고자 하는 사람들은 지역그룹에 연락하면 된다. 지역그룹 홈페이지를 클릭하기만 하면 전환운동과 자연스럽게 연결된다. 전환마을 홈페이지에 들어가 보면 다양한 활동들이 진행되는 모습을 확인할 수 있다. 매달 한 번씩 발행되는 뉴스레터에는 런던에서 개최되는 페스티벌과 영화, 퍼머컬처 코스 등 전환과 관련된 다양한 이벤트나 뉴스정보가 제공된다. 런던의 지역전환운동 사례로 그로우 히드로와 브릭스톤을 소개한다.

① 그로우 히드로(www.transitionheathrow.com)

2010년 3월 1일, 전환히드로 멤버들은 십슨에 있는 버려진 가든

을 개척했다. 그 지역은 히드로 공항 제3활주로 건설을 위해 아스팔트로 뒤덮일 예정인 마을 중 하나였다. 30톤에 달하는 엄청난 쓰레기를 걷어내고 2년 동안 고생한 결과, 그 지역은 공동체 활성화와 지속가능한 삶의 방식을 보여주는 상징과 같은 지역이 되었다.

버려진 땅이어서 지역주민들에게 우범 지역으로 인식되고 있었는데 전환그룹이 그 공간에 변화를 일궈냈다. 전통적인 전환운동은 먹을거리를 스스로 생산하는 것을 매우 강조하는데, 이들도 마찬가지로 무단점유운동을 하는 단체들과 협력해 텃밭을 가꾸기 시작했다. 그 결과 지금은 히드로 공항 예정부지가 유기농 채소와 과일로 가득하고, 새롭고 재미있는 프로젝트와 워크숍을 진행하는 매우 흥미로운 장소로 자리잡았다.

이 지역은 지역민들과 환경운동가들이 유기농 텃밭 가꾸기, 퍼머컬처 디자인, 자전거 수리, 목공과 금속공예에 관한 지식과 기술을 나누는 허브가 되고 있다. 또 지난 3년 동안 'UK 언컷', '기후캠프', '리클레임 더 필드', '전환 네트워크', '피플&플래닛', '타르샌드 없는 네트워크', '반핵캠페인', '페달' 등 다양한 정치집회의 장소가 되기도 했다.

그로우 히드로 전환운동은 자급을 위한 활동을 착실하게 진행하고 있다. 먹을거리를 스스로 재배하고, 태양광과 풍력을 사용하면서 전력망에서 완전히 독립된 에너지 자립을 달성했다. 빗물을 이용해 농사를 짓고, 에너지 효율이 높은 로켓 스토브를 사용하며, 분뇨를 모아 훌륭한 비료를 만들고 있다.

② 전환마을 브릭스톤(www.transitiontownbrixton.org)

전환마을 브릭스톤은 여섯 명의 대표가 있는 공동체 기업으로, 공동체의 이익을 확고한 목표로 삼은 유한회사이다. 전환마을 브릭스톤이 하는 역할은 공동체, 지역기업, 지자체, 공공기관들이 기후변화와 피크오일, 또는 다른 위험에 대한 인식을 갖도록 하며 이에 대응해 행동을 변화하도록 만든다. 또한 저에너지 미래를 계획하고 개척하며, 지역을 살리고, 협력하는 미래를 위해 공동체의 멤버들을 교육하고 기술을 터득한다. 예를 들면 먹을거리 생산, 지속가능한 주택, 지역경제, 에너지 생산, 건강한 삶과 자원효율성 추구, 재제조, 교육 등의 활동을 펼치고, 프로젝트나 조직을 지원하기 위해 펀드와 자원을 조직한다. 이를 통해 지역화폐, 수평적 의사결정, 민주적인 자원배분, 참여 디자인과 같은 새로운 형태의 공동체 운영방식을 개척하는 것이다.

브릭스톤 전환그룹에서 에너지 하강 행동계획그룹의 목표는 브릭스톤 에너지 하강 행동계획의 특정 챕터들을 작성하는 것이다. 저에너지 미래에 대한 비전을 작성하고, 백캐스팅 방법을 활용해 목표를 달성하기 위한 구체적인 시간표를 만들어야 한다. 계획을 세우는 과정을 통해 어떤 일이 가능하고, 또 무엇을 가능하게 만들 수 있는지에 대해 토론한다. 에너지 하강 행동계획의 작성과정을 통해 지속가능한 미래를 향한 사람들의 열정을 불러일으키고 프로젝트를 개발할 수 있다. 브릭스톤 사람이면 누구나 어떤 주제이든 참여할 수 있다.

지역경제를 튼튼하게 만들기 위한 브릭스톤 파운드는 약 200여 개의 상점에서 통용된다. 브릭스톤 파운드는 이미 지역사회에서 자리잡았고, 화폐에 등장하는 모델은 브릭스톤 출신인 흑인 인권 여성가와 가이아 이론으로 유명한 제임스 러브록이 선정되었다. 화폐 모델도 지역주민들의 추천과 토론을 통해 결정되었다. 마을 주민이 지역화폐의 모델이 된다는 것도 매우 흥미로운 발상이다.

브릭스톤 에너지 그룹의 목표는 대기업에 의한 에너지 공급 의존도를 줄이고 에너지 자립도를 높이는 것을 목표로 한다. 에너지 효율을 높이고, 에너지 빈곤을 없애며, 에너지 생산을 촉진하는데, 지역에너지를 통해 일자리와 경제활성화 효과도 얻고 있다. 찬바람막기 공동체(Community Draught Busters)는 가정이나 상업건물을 대상으로 효율개선사업을 벌인다. 이 그룹은 만들 때부터 사회적 기업으로 지역민들을 돕기 위해 만들어졌다(http://ttbdraughtbusters. co.uk/ 참고).

먹을거리와 텃밭 그룹의 주요 프로젝트는 유기농협동조합과 슬

자료: www.transitiontownbrixton.org

래이드 가든의 퍼머컬처 시범단지사업이다. 땅을 구하기가 쉽지 않다는 어려움에도 불구하고 브릭스톤 곳곳에서 먹을거리를 생산하려는 노력을 활발하게 벌이고 있다. '포커스 온 푸드' 모임은 공동텃밭과 도시농업에 대한 다양한 정보를 제공하고 있다.

재생산 그룹(Remade in Brixton)은 쓰레기 배출 제로를 위해 노력한다. 지역민들이 재활용, 재사용을 통해 폐기물을 줄일 수 있도록 활동하고 있다. 업사이클링이나 재수선을 통해 고용도 하고 녹색기업도 만든다. 이 그룹은 "세상에 애초부터 쓰레기란 존재하지 않는다"라고 생각한다. 모든 자원은 어디서, 어떻게든 쓸모 있는 방식을 찾아 활용할 수 있다는 것이다. 만들어서 마지막으로 소멸될

때까지 나눠 쓰고, 바꿔 쓰고, 다시 쓰고, 고쳐 쓰고, 부서지면 다른 기구들과 조합해서 또 새로운 것으로 리사이클하는 방식을 연구하고 실행에 옮기고 있다.

가족 그룹은 지속가능한 방식으로 살고, 일하고, 노는 것에 관심 있는 부모들의 모임이다. 천기저귀 사용과 아기 배변 습관 기르기, 평화대화법, 부모들에 대한 멘토링 등 다양한 주제를 탐구하고 있다. 관련 책을 나눠 읽고 함께 이야기 나누는 일부터 시작했다가 모임으로 자리잡았다.

로스앤젤레스와 런던을 살펴보면 전환운동이 꼭 마을에 갇혀 있는 개념이 아니라는 것을 알 수 있다. 초기에는 마을 개념으로 시작되었지만 이후에는 전환도시, 전환대학, 전환이웃, 전환감옥, 전환공동체 등으로 확장되었다. 공동체가 만들어질 수만 있다면 장소, 범위, 활동내용을 다양하게 적용하고 발전시켜나갈 수 있는 것이다. 규모도 문제가 안 된다. "도시니까 안 돼. 공간이 너무 커!"라고 걱정할 필요가 없다. 전환의 목표와 원칙, 과정에 동의한다면 어디서든 전환운동이 시작될 수 있다.

서울시 '원전하나줄이기' 정책과 전환도시 만들기

서울은 인구 1,000만이 넘는 거대 소비도시이다. 먹을거리와 에너지를 비롯한 많은 자원을 다른 지역에 전적으로 의존하고 있다. 석유 없는 세상이 다가올 것이 확실하다면 이렇게 외부의존적인 서울도 대책이 필요하다. 2012년 4월 26일, 서울시는 '원전하나줄이기' 정책을 발표했다. 후쿠시마 사고 이후 핵에너지에 대한 시민들의 불안감이 높아지는 것을 반영한 정책이다. 물론 원자력을 이야기하고 있지만 종합적인 에너지 대책에 가깝다. 원전하나줄이기 정책을 전환도시 관점에서 해석해보았다.

서울시 원전하나줄이기 정책

서울시는 2014년을 목표로 에너지 '절약'과 '생산'을 통해 원전 1기(200만TOE)만큼의 에너지를 줄이고, 2.28%에 불과한 서울의 전력자급률을 8%(2020년 20%)까지 높일 계획이다. 전환운동을 반영한 것은 아니지만 에너지 정책을 적극적으로 펼치겠다는 것은 런던 시 사례에서 볼 수 있듯이 전환도시를 준비하는 데 있어서 매우 도움이 된다.

시는 2014년까지 200만TOE를 줄일 예정인데, 이를 달성하려면 모든 서울시민들이 전력소비량을 19.5%씩 줄여야 한다. 원전하나줄이기 정책은 총 6대 분야, 21개 정책과제, 78개 사업으로 구성되어 있다. 6대 분야는 ① 신재생에너지 확대, ② 건물에너지 효율화, ③ 친환경 고효율 수송시스템 구축, ④ 에너지 분야 녹색일자리 창

<표 3-1> 서울시 원전하나줄이기 6대 분야 21개 정책과제

분야	정책과제
신재생에너지 확대	도시 전체가 태양광발전소인 햇빛도시 건설, 수소연료전지 등 주요 시설의 에너지 자립 확보, 버려지던 열에너지 활용, 지역난방공급 확대, 신축 건물 신재생에너지 생산 확대
건물 부문 에너지 효율화	신축 건물 에너지 총량제 등 설계기준 강화, 건물 에너지 효율 개선사업 확대, 건물 에너지 컨설팅 및 우수 건물 인증 확대, LED 보급 획기적 확대
친환경 고효율 수송시스템 구축	카셰어링 사업 확산, 승용차 이용 억제, 대중교통 이용 활성화를 위한 인프라 개선, 친환경 운전문화 확산
에너지 분야 녹색일자리 창출	사회적 기업 발굴·육성 등 창업 지원, 중견 중소기업 경영 지원 강화, 우수 기업·제품·일자리 정보망 구축 운영
에너지 저소비형 도시공간구조 개편	에너지 저소비형 도시공간을 위한 '컴팩트시티' 구축, IT와 조명의 접목을 통한 '스마트 조명 도시' 구현
에너지 저소비실천 시민문화 창출	시 민주도 에너지 절약 실천운동 전개, 공공 부문 에너지 감축 및 규제 강화, 원전 하나를 줄이는 '착한 에너지' 홍보 강화, 원전하나줄이기 지원기구 설치·운영

자료: 서울특별시 원전하나줄이기 종합대책(2012).

출, ⑤ 에너지 저소비형 도시공간구조 개편, ⑥ 에너지 저소비실천 시민문화 창출이다. 이러한 사업을 추진하기 위해 '녹색에너지과' 와 '원전하나줄이기총괄팀'을 신설하고, 건물에너지 효율화, 신재 생에너지 확대, 녹색일자리 확대 정책을 펼치고 있다.

에너지효율을 높이기 위해 중·대형 건물과 노후주택, 공공임 대주택의 단열개선사업을 진행하고, 조명은 에너지소비가 적은 LED등으로 교체한다. 수송 부문에서는 카 셰어링을 추진하고, 대 중교통 이용 활성화와 자동차 공회전 제한을 추진한다. 태양광 발

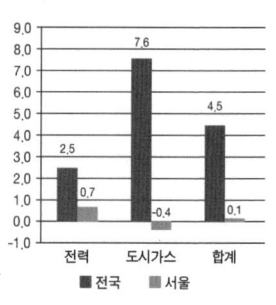

〈그림 3-7〉 2012년 서울시
원전하나줄이기 성과

〈그림 3-8〉 에너지 소비량 비교

자료: 서울시 원전하나줄이기 성과보고서(2013).

전시설 320MW, 수소연료전지시설 230MW를 건설하고, 하수열과
소각열을 활용하거나, 하수처리장 바이오가스 열병합발전을 통해
에너지를 생산한다. 에너지절약 시민실천은 에코마일리지 회원을
확대하고, 에너지 절약을 실천하기 위해 초·중·고등학교에서는
에너지수호천사단을, 동네 가게에서는 착한가게 프로그램을 운영
하고 있다. 동작구 성대골, 강동구 십자성마을, 성북구 돌을볕마을
등에서 에너지 자립마을 만들기를 실천하고 있다.

원전하나줄이기 정책을 시행한 지 1년이 지난 결과, 목표량 200
만 TOE의 16.5%인 33만 TOE 감축을 달성했다(〈그림 3-7〉). 2012년
목표량이 41만 TOE임을 감안하면 80%를 줄인 것이다. 달성률이
낮은 것은 지자체에서 에너지 정책을 추진하는 정책 초기에 제도

3장 전환도시 서울, 가능한가?

개선이나 체계를 잡는 데 시간이 걸리기 때문으로 보인다. 상대적으로 평가를 하면 2012년 전국 에너지 소비량이 4.5% 증가할 때 서울의 에너지 소비량은 0.1% 증가하는 데 그쳤다(〈그림 3-8〉). 지자체에서 열심히 수요관리를 하면 에너지 소비 증가율을 억제할 수 있다는 의미 있는 결과를 얻은 것이다.

서울의 회복력과 재지역화

서울은 엄청난 양의 에너지를 소비하는 도시이다. 빌딩 외벽을 유리로 마감한 곳도 많아, 여름에는 햇빛을 그대로 받아 덥고 겨울에는 단열이 안 돼 엄청나게 춥다. 자연채광이 잘 되는 창가 바로 옆인데도 전등을 켜놓기 일쑤고, 단위면적당 조명등 수도 너무 많다. 건물을 지을 때 에너지 효율이나 '적정' 조명을 고려하지 않는 것이다. 야경은 화려하고, 어른 키 높이를 훌쩍 넘는 대형 간판이 즐비하다. 대형마트는 24시간 영업을 하기도 했었다. 2010년 서울의 전력소비량은 고리 핵발전소 1, 2, 3, 4호기와 월성 핵발전소 2, 3, 4호기의 생산량을 모두 합친 핵발전소 7기 분량이었다. 2005년에서 2010년 사이에 전력소비량이 20%나 증가했다.

이렇게 에너지 소비에 중독된 도시에서 원전 하나 만큼의 에너지를 줄이는 것은 쉬운 일이 아니다. 공장이 없는 서울로서는 에너지 소비가 거의 대부분 가정과 상업 분야에서 발생한다. 서울시의 부문별 전력소비를 살펴보면 상업이 60%, 가정이 28%를 차지하고 있다. '원전 1기 줄이기'의 핵심은 수많은 상업 빌딩과 상가에서 에너지 소비를 줄여야 하는 것이다.

전환운동의 관점에서 원전하나줄이기 정책을 어떻게 해석할 수 있을까? 서울시는 에너지 자립능력을 높이고, 지속가능한 에너지원을 확보하며, 온실가스 감축을 위해 원전 하나를 줄이겠다고 밝혔다. 에너지 자립도를 높인다는 것은 예상치 않은 전력공급 중단 사태가 발생했을 때를 대비하겠다는 것이다. 2011년 3월 일본 도쿄에서는 실제로 그런 일이 발생했다. 후쿠시마 핵발전소가 멈추면서 전력공급량이 급감했던 것이다. 도시 전체가 에너지 절약을 위한 체제로 전환할 수밖에 없게 되었다. 롭 홉킨스는 갑자기 이러한 위기에 놓이는 것보다는 미리 준비하는 것이 충격을 줄일 수 있는 방법이라고 했다.

서울의 전력소비량은 4만 6,902GWh로 전국 전력소비량 45만 5,069GWh의 10.3%를 차지하고 있다. 전력자급률은 2.8% 밖에 되지 않아 결국 다른 지역에서 생산해서 전기를 받아쓰고 있는 상황이라고 볼 수 있다. 서울은 전력공급 중단과 같은 에너지 위기에 매우 취약한 구조를 갖고 있다. 따라서 전환운동의 중요한 목표 중 하나인 '회복력'을 높인다는 측면에서 원전하나줄이기 정책은 일맥상통하는 측면이 있다.

더불어 에너지원으로서 핵발전소에 대한 메시지도 담고 있다. 지속가능하지 않은 핵에너지는 '확대'할 것이 아니라 '줄여야'한다는 것이다. 우리나라에서 생산하는 전기 중 31%가 핵발전소에서 생산되고 있다(2011년 에너지통계연보). 후쿠시마 사고에서 보듯이 핵발전은 위험할 뿐만 아니라 방사성폐기물을 양산한다. 우리나라는 대형발전소 건설을 중심으로 한 전력 정책을 펼치고 있어 해안가에 위치한 발전소와 소비인 대도시의 거리가 매우 멀다. 즉, 서울은 전력 생산에 대한 부담은 지지 않은 채 소비만 하는 셈이고 멀리 떨어진 발전소에서 송전을 받아 사용하다 보니 전력손실률이 높다. 서울시에서 적극적으로 에너지 수요를 관리한다는 것은 에너지 효율을 높임과 동시에 타 지역과 상생한다는 메시지도 담고 있다. 서울의 전력소비를 위해 다른 지역에 지우는 부담을 줄이기 위해 노력하는 것이다.

더욱 의미가 있는 것은 지자체가 시민들에게 '에너지'에 대해 이야기하기 시작한 것이다. 시가 시민들에게 "어떤 에너지를 얼마나 어떻게 써야 할까?"라고 질문을 던진 것 자체가 중요한 의미라고 할 수 있다. 원전하나줄이기 정책은 2012년 1월에서 4월까지 서울시와 희망정책자문단, 시민단체가 여러 차례 협의를 통해 만든 것이다. 작성한 초안은 2012년 2월 21일 남산 문학의 집에서 열린 '원전하나줄이기 청책워크숍'과 4월 16일 열린 '시민대토론회'를 통해 의견을 수렴했다. 시민대토론회에는 400여 명의 시민이 참여해 22개의 그룹토론을 진행했다. 시민들은 원전 하나를 줄이기 위해서는 "가정·학교를 대상으로 하는 에너지 절약 및 교육을 집중적으로 추진하자", "에너지를 많이 소비하는 대형 건물은 에너지 소비량을 공개토록 하자", "대중교통과 보행자 전용거리를 만들자" 등 109건의 아이디어를 제안했다. 정책실행 과정에서도 '원전 1기 줄이기' 시민위원회와 실행위원회를 구성하여 참여형 거버넌스를 만들었고, 에너지 시민협력반도 설치했다.

전환운동이 기후변화와 피크오일에 초점을 맞추고 있다면 서울시는 후쿠시마 사고를 계기로 핵에너지에 초점을 맞추고 있다. 에너지원의 차이는 있으나 본질적으로 '에너지'에 대한 화두를 던졌다는 점은 공통적이다. 전환운동은 핵에 대해서도 비판적인 입장을 취하고 있다. 핵발전소 건설에 장시간이 소요되기 때문에 회복력을 높이는 데 기여도가 낮고(20년 정도 소요되는 동안 탄소저감에 별 영향을 못 미치기 때문이다), 눈에 보이지 않는 정부보조금, 높은 핵폐기물 처리 비용, 투자대비 낮은 에너지 수익률, 60년 후 고갈 것으로 보이는 피크 우라늄과 전 과정에서 방출되는 이산화탄소 때문에 대안이 아니라는 점을 분명히 하고 있다.

현재 서울에서 원전하나 줄이기 정책에 참여하는 시민들이 늘어나고 있다. 또한 가정에너지 컨설턴트, 상가 컨설턴트, 에너지 설계사 등 에너지 분야에서 녹색일자리가 만들어지고 있다. 원전 하나줄이기 정책은 에너지 절약과 효율화 관련 일자리를 만들면서 '에너지 전환경제'를 확립하는 방향으로 나아가야 한다. 더불어 마을만들기 운동과 공동체회복운동이 활발해지면서 먹을거리, 생활, 경제를 마을 단위에서 활성화하려는 움직임이 커지고 있다. 이러한 활동은 재지역화의 영역이라고 할 수 있다. 다만 원전하나줄이기라는 에너지 정책이 마을만들기 운동과 긴밀하게 협력하는 상황은 아니다. 큰 틀에서의 서울시 에너지 정책과 공동체활성화 정책이 독립적으로 영역을 구축해나가고 있다. 토트네스와 같이 공동체 내에서 전환의 목적을 합의하고 체계적으로 활동하는 단계는 아니다.

요약하면 서울시에서는 에너지 부문과 공동체 부문에서 다양한 활동이 일어나고 있는데, 이것이 전환도시라는 체계를 갖추고 있거나 네트워크가 형성되어 상승 작용이 일어나는 상황이 아니라는 것이다. 각각 열심히 제 갈 길을 가다가 필요에 의해 협력할 수 있지만 누군가 에너지와 공동체를 연결해 체계화한다면 전환도시 만들기가 한결 쉬울 것이다. 서울시의 원전하나줄이기 정책과 마을공동체 활성화 정책이 전환운동에서 이야기하는 기후변화와 피크오일에 대응하는 공동체운동과 만날 수 있는 가능성은 매우 높다.

탈핵에너지 전환도시운동

서울시는 25개의 구로 이뤄져 있다. 전환도시 서울을 만들기 위해서는 25개 구의 참여도 매우 중요하다. 2012년 2월, 노원구는 전국 기초지자체 45곳이 참여하는 '탈핵·에너지전환 도시선언'을 주도했다. 노원구

〈그림 3-9〉 탈핵에너지전환도시 선언 지자체 4대 비전

에너지 수요관리	지역에너지경제 활성화
신재생에너지 확대	수명 다한 원전폐쇄

청장은 2011년 12월 월계동 방사능 아스팔트 사건을 처리하면서 처치 불가능한 방사능 폐기물을 양산하는 핵발전소를 추가로 건설해서는 안 된다는 확신이 들었다고 한다. 이에 전국 230여 개에 달하는 기초지자체에 공문을 보내 '탈핵·에너지전환 도시선언'을 주도했고, 45개 기초지자체장들이 화답한 것이다.

이들 지자체는 핵발전소 중심의 중앙집중형 에너지 시스템을 신재생에너지 중심의 지방분산형 시스템으로 전환하는 것이 필요하다는 데 인식을 같이하고, 에너지 정책 전환을 위한 공동선언문을 발표했다. "나쁜 에너지는 줄이고, 착한 에너지는 늘리기" 위해 ① 전력에너지 소비 감축, ② 신재생에너지 확대, ③ 일자리 창출과 지역경제 활성화, ④ 연대를 통한 탈핵정책 의제화를 4대 목표로 설정하고 있다. 탈핵에너지 전환도시는 2012년 45개였던 것이

〈그림 3-10〉 서울에서 탈핵에너지 전환도시에 참여한 자치구들

11월 순천시가 동참하면서 46개로 늘어났다. 탈핵에너지 전환도
시선언에 동참한 서울시의 자치구는 모두 15곳이다.

　2012년 8월 29일 노원구는 '탈핵에너지 전환 종합대책'을 발표
했다. 자치구가 '탈핵'을 표방하고 에너지 정책을 수립한 것이다.
구는 노원에코센터를 통한 주민교육, 펠렛보일러를 이용한 난방,
노원햇빛발전소 만들기 사업 등을 추진하면서 건축물 신재생에너
지 의무비율도 20% 이상 높이고, 에너지 자립마을 시범사업도 진

행할 계획이다. 각 지자체는 지역에너지 계획 수립, 전담부서 배치, 예산 마련, 에너지조례 제정 등을 통해 에너지 정책을 펼칠 수 있다.

노원구가 방사능폐기물을 미래 세대에게 전가해서는 안 된다는 책임의식에서 '탈핵도시'를 선언한 것은 매우 의미 있는 일이며, 서울시의 '원전하나줄이기' 정책과 협력하는 효과를 얻을 수 있을 것으로 보인다. 지자체에서 이런 정책을 만드는 것은 핵발전을 확대해서는 안 된다는 시민들의 생각을 반영한 것이기도 하다. 또한 한국수력원자력이 각종 고장과 납품 비리, 부품증명서 위조, 시험성적서 조작사고를 일으키면서 시민들의 신뢰를 상실했기 때문에 이렇게 대안적인 정책이 나오게 되었다.

기후변화에 취약한 영국의 특성상 '석유 없는 세상'을 위해 전환을 준비하고, 핵발전소를 23개나 가동하고 있는 한국의 현실을 반영해 서울시와 46개 기초지자체에서 '원전 줄이기'를 목표로 정책을 세운 것일 수 있다. 롭 홉킨스가 기후변화와 피크오일을 한 가지 문제의 두 가지 측면이라고 정의했듯이, 핵발전소까지 포함하면 한 가지 문제의 세 가지 측면이 될 수 있다. 따라서 전환운동의 목표와 지향은 서울에서도 충분히 적용할 수 있다.

전환도시 서울을 위한 세 가지 질문

전환도시는 석유 없는 세상을 준비하는 도시이다. 기후변화와 피크오일에 대해 도시공동체가 계획을 세우고 대안을 행동에 옮기는 도시이다. 그렇다면 서울을 전환도시로 만들기 위해서는 어떤 준비를 해야 할까? 크게는 석유 없는 세상이 왔을 때 서울이 경험하게 될 변화를 상상하고 세밀한 대응방안을 마련해야 하며, 시민들이 참여한 가운데 '에너지 하강 행동계획 2030'을 작성해야 한다. 그러한 작업을 시작하기 위해서도 많은 준비가 필요하다.

토트네스 전환운동을 돌아보면 전환을 위해서는 시민들을 참여시키기 위한 교육과 인식증진 활동이 먼저 필요하고, 전환목표가 담긴 계획을 수립하여 이를 실현하기 위한 전환조직을 구성하고 전환조직에서 자발적으로 진행하는 수십여 개의 전환프로젝트가 작동해야 한다. 각각의 과정을 실행하는 데에도 토론, 합의, 실행, 평가, 기록이 따라야 한다. 모든 과정은 참여민주주의를 바탕으로 하기 때문에 전환운동의 주체가 서울시가 되어서는 결코 안 되며, 서울에 자리잡은 수십 개, 수백 개, 수천 개의 공동체가 스스로 계획하고 움직여야 한다. 서울에는 마을, 학교, 교회, 성당, 지역운동, 각종 동호회 등 매우 다양한 공동체가 존재하며, 서울시는 이들의 전환운동을 도울 수 있다. 따라서 서울시도 전환운동의 조력자로

토트네스 전환마을의 성공요소

- 지역주민을 위한 전환교육을 진행했다.
- 롭 홉킨스를 비롯한 TTT를 그룹이 있어서 '전환마을' 토트네스를 조직했다.
- 주민들이 참여해 전환의 목표와 구체적인 실행계획을 담은 '에너지 하강 행동계획 2030'을 작성했다.
- 10개의 워킹그룹이 자발적으로 전환활동을 하고 있다.
- 지자체와 긴밀하게 협력하지만, 전환의 주체는 언제나 주민들이다.
- 전환을 위해 무엇을 할지에 대한 매뉴얼이 잘 정리되어 있다. (예를 들면, 머리를 맞대고 토론하기 - 구체적인 실행방법 마련하기 - 누가 할지 정하기 - 진행하기 - 모니터링하기 - 확산하기 - 책으로 엮어서 전환마을 네트워크와 공유하기)
- 다팅턴 트러스트의 전통을 바탕으로 협력과 공유의 문화가 형성되어 있었다.
- 토트네스 인근에 '작은 것이 아름답다'라는 사상의 진원지인 슈마허 칼리지가 있었다.

서 어떤 역할을 할 것인지 공부하고 토론하고 준비해야 한다.

전환운동 조력자로서 서울시의 역할

토트네스의 사례에서 전환을 위한 요소를 핵심단어로 정리하면 '기후변화와 피크오일에 대한 인식', '회복력', '긍정적 비전 세우기', '재지역화', '공동체 주도', 'TTT', '토트네스 에너지 하강 행동계획', '전환교육', '전환프로젝트' 등으로 정리할 수 있다. 전환도시의 주인공이 서울시가 아니라 공동체라면, 서울시의 역할은 시민들이 전환을 위한 재료를 쉽게 갖추거나 접할 수 있도록 만들어 전환운동에 동참하도록 하는 일이다. 시민들이 효율적으로 에너지를 쓸 수 있도록 정보를 제공하고, 실행에 옮길 수 있도록 '제도'를 마련하는 것과 같이 전환의 토대를 구축해야 한다. 전환도시를 가능하

첫째, 석유 없는 서울은 어떤 모습일까?
둘째, 전환도시 서울을 만들기 위한 중간지원조직 역할을 누가 할 것인가?
셋째, '서울 에너지 하강 행동계획 2030'을 어떻게 만들어갈 것인가?

게 하는 법과 제도의 정비, 재정지원, 이해관계 조정, 도시계획 등 할 일이 많다. 전환도시 서울을 만들기 위해서는 많은 토론을 해야 하지만 특히 위의 세 가지 질문을 던지고 해답을 찾아야 한다.

전환도시 서울을 위한 세 가지 질문 중 첫째는 시민들에게 "석유 없는 서울은 어떤 모습일까?"라는 질문을 던지고 그에 대한 다양한 의견을 들어보는 과정이다. 석유 없는 서울에서는 100층짜리 초고 층 빌딩을 유지하는 일이 매우 힘들어질 것이다. 자동차로 빼곡히 들어찬 도로는 자전거의 물결로 뒤덮이게 될지도 모른다. 물류가 멈춰 대형마트와 시장의 먹을거리가 부족하게 되면 쿠바와 같이 생존을 위한 도시농업이 번성하게 될 것이다. 더불어 인구 1,000만 대도시는 석유 없는 세상에서 생존하는 것이 불가능하다는 근본적 인 성찰을 하게 될지도 모른다. 에너지 제로 건물이 들어서고, 대 학 캠퍼스에서는 먹을거리와 에너지를 자립하는 운동이 벌어질수 있다. 석유 없는 세상에서 서울의 도시계획과 교통계획은 엄청난 대변혁을 요구할 것이다. 대중교통과 자전거에 지금보다 훨씬 더 많은 예산을 투자할 것이다.

시민들의 의견을 모으다 보면 다양하고 깊이 있는 전망을 할 수 있을 것이다. 시는 시민들에게 어떻게 물어보고, 어떻게 수렴할 것인가에 대한 방법을 고민해야 한다. 시민들에게 질문을 던지기 전에 사전정보의 교류가 있어야 하고, 시민들의 의견을 듣는 방식도 다양하게 마련해서 자칫 이런 질문을 던지는 것이 해프닝이나 이벤트로 여겨지지 않도록 해야 한다. 질문을 잘 하고, 올바른 답을 구하기 위해 준비가 필요하다는 것이다. 만약에 서울에서 전환운동을 준비해온 공동체가 있다면 "석유 없는 서울은 어떻게 될까?"에 대한 화두를 던지는 것이 좋고, 서울시에서 직접 이야기를 시작해도 된다. 이야기를 잘 하기 위해서는 이야기를 이끌어내는 방식이 중요하다. TTT에서는 '오픈 스페이스(Open space)' 방식을 활용하고 있다.

둘째 질문은 "전환도시 서울을 만들기 위한 중간지원조직 역할을 누가 할 것인가?"이다. 토트네스에서는 공동체를 위한 TTT의 헌신적인 활동이 있었고, 롭 홉킨스와 재키 호슨 같은 전환기획자들이 힘을 합쳤다. 이들은 만리장성을 쌓기 위해 벽돌 하나 위에 또 다른 벽돌을 하나하나 쌓은 것처럼 석유독립을 위해 하루하루 움직이고 실천했다. TTT는 공동체조직을 지원하고, 교육하고, 활기차게 만들었다. 예를 들면, 태양광 발전기를 하나 설치하더라도 어떻게 하면 시민들이 자발적으로 참여하고, 에너지 전환의 목적

오픈 스페이스 자기조직화의 집단 커뮤니케이션 방법

1. 주제 : 집단이 사고를 집중할 문구나 질문을 선정한다. 토론을 긍정적으로 이끌 수 있도록 최대한 포괄적인 주제를 설정한다.

2. 초대 : 모든 이해당사자 또는 대화하기를 원하는 모든 사람을 초대한다. 초청장에 모임주제, 날짜, 장소, 시간을 포함시킨다.

3. 원형배열 : 집단을 원형으로 배열한다. 의자를 하나의 원 또는 여러 개의 동심원 형태로 배열하고 중앙공간을 비워둔다. 의제를 붙일 빈 벽을 정해서 '의제'라고 표시한다. 의제 밑, 맨 윗공간에 오전, 오후를 표시한다. 뉴스라고 표시한 벽 가까이 컴퓨터와 테이블을 배치한다. 종이(플립차트 크기의 4분의 1)와 컬러 펜을 원 중심에 놓는다. 의제 벽과 뉴스 벽 근처에 사람들이 종이를 붙일 수 있도록 테이프를 비치한다.

4. 모임 시작 : 퍼실리테이터(facilitator)가 주제를 설명하고 소집단이 모여 대화내용을 기록하기 위한 절차, 자료비치장소, 진행상황파악을 위한 장소, 두 발의 법칙, 오픈 스페이스 원칙 등을 설명한다. 퍼실리테이터는 사람들을 초대한다.

5. 의제장터 : 퍼실리테이터는 참여자들 중에서 누구나 집단의 중심으로 나와 자신의 주제를 쓰고 자신의 이름, 만날 장소, 시간을 적은 후 의제 벽에 자신이 이야기하고픈 주제를 마치 상품처럼 내놓는다. 한 주제 당 한 개 또는 두 개 이상의 주제를 내놓아도 좋다. 주제를 내놓은 사람들은 자신의 주제에 대한 토론을 퍼실리테이트하며, 반드시 회의보고서를 뉴스 벽에 붙인다.

6. 주제 선택 : 모든 주제가 다 나왔으면 퍼실리테이터는 사람들이 뉴스 벽 앞으로 나와 두 발의 법칙(누구든지 따분하다거나 별로 얻을 것이 없다고 생각하는 사람은 두 발로 걸어나가면 된다)에 따라 자신이 관심 있는 주제를 선택하고 시간을 정하게 한다. 한 개 이상의 주제에 관심 있는 사람은 시간이 겹치는 주제에 대해서는 시간을 조정하거나 주제 모임 사이를 오가며 참석할 수 있다.

7. 토론참여 : 사람들이 토론에 참여한다. 퍼실리테이터는 공간을 관장한다. 보고할 사람들은 토론보고서를 컴퓨터에 입력해 출력물을 벽에 붙인다.

8. 원 닫기 : 오픈 스페이스를 닫기 1시간 전에 다시 모여 대화형태로 자신의 "아하" 경험 및 자신이 배운 것을 나눈다. 토론방식이 아니라 사람들이 말하는 것을 그냥 듣게 한다.

9. 기록/보고 : 오픈 스페이스 모든 의사록, 회의 중 찍은 사진 및 동영상, 참석한 사람들의 연락정보(주소, 전화, 이메일 등)를 참가자들에게 보낸다.

10. 반복 : 여러 날 진행하는 오픈스페이스인 경우 매일 3번부터 8번까지의 단계를 진행한다.

에 맞게 활용할 수 있는지 고민하면서 '전환거리' 프로젝트를 만들었다. TTT그룹은 전환이 잘 진행될 수 있도록 촉매역할을 하는 '촉진자'였다.

서울에서도 TTT그룹과 같은 역할은 기존의 시민단체가 하기보다는 '전환'의 필요성과 목표를 절실하게 인식한 그룹들이 자발적으로 활동하는 것이 바람직하다. 기존의 서울시 거버넌스 조직으로는 녹색서울시민위원회, 마을만들기 지원센터 등이 전환을 위한 중간지원조직 역할에 부합할 수 있다. 그러나 그 조직들은 이미 해야 하는 고유의 활동이 있으므로 '전환운동' 역할이 추가로 부여되는 방식은 바람직하지 않다. 중간지원조직이 활동하는 원리도 최대한 '자발성'에 기초해야 하기 때문이다.

셋째 질문은 "'서울 에너지 하강 행동계획 2030'을 어떻게 만들어갈 것인가?"이다. 시민들이 참여해 전환도시를 만들기 위한 구체적인 비전과 행동계획을 수립해야 한다. 이 작업을 해보면 서울이 얼마나 에너지를 많이 소비하는 도시인지, 석유로부터 독립하는 것이 얼마나 어려운 일인지를 실감하게 될 것이다. 설령 '서울 에너지 하강 행동계획 2030' 계획을 수립하는 것은 불가능하다고 결론이 나더라도, 계획수립과정에 참여한 사람들이 깊이 있는 문제인식을 갖게 된다면 지역에서 움직일 수 있는 사람들이 나타날 것이고, 그 자체가 의미 있는 시작이 될 것이다.

전환도시 서울을 만들기 위한 세 가지 질문이 만나는 지점이 있다. 바로 전환도시 서울을 만들기 위해 가장 절실히 필요한 것은

1. 기후변화와 피크오일에 대비하기 위해 지금 행동해야 한다.
2. 석유 없는 세상이 닥쳐오면 에너지를 적게 사용하는 생활을 할 수밖에 없다. 따라서 갑자기 닥쳐서 대책을 수립하기보다는 지금부터 준비하는 것이 훨씬 낫다.
3. 현대 산업사회는 에너지 위기에 대처할 수 있는 회복력을 상실했다.
4. 공동체가 함께 행동할 때 더 바람직한 대안을 마련할 수 있다.
5. 세계경제가 무한히 성장하는 것은 불가능하다. 성장의 한계를 인식해야 한다.
6. 인류는 지난 150년 동안 에너지 매장량곡선의 정점에 이를 때까지 놀라운 독창성과 지능을 발휘해왔듯이 정점에서 하강하는 과정에서도 그 이상의 독창성과 지능을 활용할 수 있다.
7. 지역공동체가 창의성과 협동심을 발휘한다면 행복하게 피크오일에 대비할 수 있다. 피크오일 이후의 삶이 꼭 나쁜 것만은 아니다. 충분히 계획을 세우고 행동하며 우리의 창의성과 협동심을 이용한다면, 오늘날의 생활방식보다 지구에 부담을 덜 주면서도 더 만족스럽고 풍요로운 미래를 만들 수 있다.

자료: Hopkins(2008).

'전환'이 필요하다는 '인식의 공유'이다. 기후변화와 피크오일에 대한 위기의식을 느끼면서 다른 어떤 것보다 전환운동이 중요하다는 인식이 형성되어야 한다. TTT는 전환운동이 확산되기 위해서는 공동체 구성원들이 적어도 일곱 가지 문제의식에 합의해야 한다고 한다. 일곱 가지 문제의식 중에는 '성장의 한계'와 같이 우리 사회에서 아직까지 쉽게 받아들이지 못하는 명제들도 있다. 확실한 것은 석유 없는 세상이 오면 서울은 어떻게 될 것인가에 대해 집중적으로 고민하는 시민들이 많아져야 전환도시의 밑그림을 그릴 수 있다는 점이다.

서울시가 주도적으로 '석유 없는 서울'에 대한 화두를 던지고 싶다면 공무원들이 '전환'이 무엇인지 이해하고, '전환'이 절실히 필요하다고 느껴야 한다. 그래야 시민들과 대화할 수 있고, 참여를 북돋우며, 중간지원조직도 만들고, '에너지 하강 행동계획 2030'도 만들 수 있다. 서울시가 전환을 위한 큰 그림을 그리고, 서울시의 수많은 공동체가 전환을 실천한다면 더할 나위 없이 좋을 것이다. 예를 들면, 서울시 공무원들이 정책을 수립할 때 전환도시를 목표로 에너지를 덜 쓰는 교통체계, 건물체계, 먹을거리 자급력을 높일 수 있는 도시농업체계로의 전환에 대한 계획을 마련한다. 서울시가 토지계획과 교통계획을 통합시킨 전환도시 구상을 계획하고 기반을 마련하면 서울의 다양한 공동체들이 전환운동을 실행에 옮기기가 매우 수월해진다. 에너지 자립마을, 그린캠퍼스, 녹색학교, 녹색교회 등 전환을 실천하는 다양한 그룹이 형성될 수 있는 것이다. 희망적인 것은 서울에서도 이미 지역에 기반을 둔 다양한 공동체운동이 활발하게 일어나고 있다는 점이다. 이처럼 전환이 필요하다는 인식의 공유는 결국 '교육'과 '홍보'를 통해 만들어질 수 있다. 공무원을 대상으로 한 '전환교육'이 필요한 것이다.

전환네트워크는 전환의 다섯 단계(http://www.transitionnetwork. org/stages)를 다음과 같이 제시하고 있다. 시작 단계는 무엇인가 한 번 해볼 수 있을 것이라는 생각을 갖는 단계이고, 두 번째 단계는 실질적인 사업이 등장해 전환을 조직하고 참여를 확대하는 단계이다. 세 번째는 확산단계이다. 전환계획을 세워 실행하면서 전환의 확산을 도모한다. 네 번째 단계에 이르면 내발적발전을 통해 지역경제가 순환한다. 전환활동을 통해 개발자, 은행, 에너지 기업과 같은 사회적 기업이 탄생한다. 다섯 번째 단계에서는 전환을 국가 단위로 확장한다. 서울은 이제 첫 번째 단계, 무엇인가 한번 해볼 수 있을 것이라는 생각을 갖는 단계이다. 즉 질문을 잘 던지는 준비를 시작해야 하는 것이다.

전환운동이 확산되면서 국가마다 허브도시가 생기고 있다. 이탈리아의 볼로냐, 노르웨이의 오슬로, 미국의 캘리포니아, 캐나다의 온타리오, 독일의 노르트라인-베스트팔렌, 브라질의 상파울루, 스웨덴의 스톡홀름, 일본의 도쿄, 아일랜드의 더블린이 각각 국가 허브이다. 국가허브의 역할은 지자체가 하는 것이 아니라 공동체가 하는 것이다. 서울에서 전환을 목표로 공동체가 많이 움직이고 활동한다면 한국의 허브도시 역할은 서울이 맡는 것이다. 전환도시의 출발점은 철저하게 지역공동체가 되어야 한다.

'전환'이 필요하다는 '인식을 공유'하기 위해서는 만나서 이야기해야 한다. 공감대를 형성하는 것이다. 덴마크 삼쇠 섬을 에너지자립섬으로 만든 담당자에게 성공사례를 만드는 데 가장 필요한 자원이 뭐냐고 물었더니 "시간과 커피 값"이라고 답했다. 커피를 마시면서 셀 수 없이 많은 회의, 토론, 모임을 열었다고 한다. 처음에는 더딘 것 같지만 모두가 고개를 끄떡인 다음에는 일사천리로 진행된다. 힘들더라도 필요성을 함께 인식하고 합의를 이루는 과정이 소중하다는 것이다. 둥글게 모여 앉아 지혜를 모으면 해답이 나온다.

4

전환도시 서울, 밑그림 그리기

전환도시에서 중요한 것은 전환의 필요성과 원칙에 대해 인식을 같이 하는 공동체이다. 그런 관점에서 본다면 우리나라에도 '전환마을'이 있다. 산청 갈전마을, 부안 등용마을, 변산공동체, 임실 중금마을 등은 주민을 중심으로 에너지를 절약하며 재생가능에너지로 전환하고 있다. 단지 이를 '전환마을'이라는 이름으로 부르지 않을 뿐이다. 서울에서는 동작구 성대골이 '전환마을'의 모습을 갖춰가고 있다. 강동구에서도 다양한 전환운동이 일어나고 있다. 에너지 자립마을 성대골과 전환자치구 강동구 사례를 통해 전환도시 서울의 밑그림을 구상해보았다.

에너지 자립마을 성대골

2010년 10월, 성대골에 어린이도서관이 생겼다. 서울시 동작구 상도 3, 4동 주민들과 시민단체 '희망동네'는 "아이를 키우는 데는 온 마을이 필요하다"라는 생각으로 '성대골 어린이 도서관'을 만들었다. 약 230여

〈그림 4-1〉 성대골 어린이 도서관 전경

가정이 내는 회비와 상가의 후원금으로 운영되며, 초등학교가 없는 상도3동에 '작은 초등학교 만들기' 활동도 함께하고 있다. 삭막한 도시 서울에서 나름의 공동체를 형성하고 있었다.

주민들의 '필요' - 에너지 전환이 필요하다는 인식

잔잔했던 성대골 공동체에 충격을 던진 건 후쿠시마 사고였다. '성대골 어린이도서관' 김소영 관장은 막연하지만 뭔가를 해야 한다고 생각했다. 어디서부터 시작해야 할지 몰라 여러 곳에 도움을 요청했고, 마침 '녹색연합'과 연결되었다. 후쿠시마 이야기를 듣고, 함께 에너지 공부를 시작했다.

필자는 2010년 11월부터 성대골 주민들과 만나 에너지 공부를

〈그림 4-2〉 주민들이 적극 참여하는 에너지 강의와 워크숍

도와주는 일을 시작했다. "어떤 공부가 필요하십니까"라는 필자의 질문에 주민들은 "강의를 듣고 나면 생각과 행동이 바뀔 수 있는 강렬한 강의"를 원했다. 그래서 에너지문제, 핵과 전기에 관한 이야기, 생활실천에 대한 내용까지 강의를 진행했다. 그러나 배울수록 "지구가 곧 망할 것 같은데, 너무 희망이 없어보여서 맥이 빠진다"라고 말하는 주민이 늘어났다. 교육의 역효과였다. 전환마을은 우리가 지금 준비하면 더 나아질 것이라는 믿음, 전환을 지금 준비하는 것이 오히려 더 행복해질 수 있다는 긍정의 힘이 있어야 한다. 그런데 강의에서는 '긍정'의 메시지를 담지 못했던 것이다. 그래서 에너지 자립마을을 진행하고 있는 임실 중금마을을 직접 방문하고 광주 모아아파트의 활동을 접하면서 도시에서도 에너지 자립마을이 가능하다는 희망을 갖게 되었다.

전환의 주체는 주민과 공동체이다. 지자체나 시민단체가 아무리 열심히 해도 '마을살이'를 대신해줄 수 없기 때문이다. 성대골 주민들이 필요를 느끼고 그 문제가 간절했기 때문에 사람을 찾거나 함께 할 방도를 모색한 것이다. 더불어 주민들 사이에서도 필요성을 느끼는 정도가 다르다. 따라서 처음 필요를 느낀 한두 사람(성대골에서는 김소영 관장)이 주민들과 소통하고 공감하는 과정이 중요하다.

질문하기 - "석유 없는 성대골의 모습은?"

강의를 통해 정보를 얻는 것만큼 중요한 것은 함께 질문을 던지고 답을 찾아가는 과정이었다. 주민들과 둘러앉아 마을이야기를 시작했다. "에너지 위기가 오면 성대골의 삶은 어떻게 바뀔까?", "후쿠시마 이후 우리의 삶은 어떻게 달라져야 할까?", "에너지 자립 마을은 가능한 것인가?" 등등.

워크숍을 진행하면서 토트네스 전환운동을 소개했다. 놀라운 일은 성대골 주민들이 "기후변화와 피크오일에 대응해 공동체를 중심으로 '회복력'을 길러야 한다"라는 말에 적극 공감하고 반응한 것이다. 회복력이라는 다소 생소한 개념에 동의하면서 주민들은 "성대골을 에너지 위기에도 견딜 수 있는 마을로 만드는 거야!"라는 목표를 세웠고, 둘러앉아 "어떻게?"에 대해 논의하기 시작했다.

이렇게 공부하고 토론하는 과정에서 다섯에서 여섯 명 정도 빠지지 않고 열심히 참여하는 사람들이 나타났다. 이들은 '착한에너지 지킴이'라는 이름으로 활동하기 시작했다. 마을의 숙원은 '학교

만들기'이다. 초등학교가 없는 마을문제를 해결하기 위해 중요한
것은 공동체의 단결인데, 성대골에서는 에너지 자립마을 만들기를
통해 공동체가 단단해질 것이라는 생각을 갖게 되었다.

'절전소'가 탄생하다

도시에서 에너지 관련 활동으로 무엇을 할 수 있을까를 논의하
다가 '절전소'라는 단어에 꽂혔다. "에너지 절약이 곧 에너지 생산
이다", "내가 1kWh를 안 쓰면 누군가 사용할 1kWh를 생산한 것과
같다"라는 말이 크게 다가왔다. 여러 가지 아이디어를 쏟아낸 끝에
'성대골어린이도서관' 벽에 절전소를 만들었다.

'착한에너지 지킴이'들은 2011년 월별 전기소비량을 빨간색 막
대그래프로 표시했다. 그리고 2012년 1월 1일부터 사용한 소비량
은 초록색 막대그래프로 표시하기 시작했다. 빨간색보다 초록색
막대그래프가 줄어들도록 노력했다. 절전운동에 참여하는 가구에
는 멀티탭을 보급했다. 마을에서 도서관을 오가는 사람들이 다들
벽을 쳐다 보고 한마디씩 한다. "누구 네는 많이 아꼈네!", "누구 네
는 왜 이렇게 전기를 많이 써?" 아이들도 벽에 딱 붙어서는 누구 네
집에서 전기를 얼마나 사용하는지를 챙겨보기 시작했다. 어느새
마을의 중요한 이야기꺼리로 에너지가 자리잡기 시작했다.

성대골절전소에는 총 60가정이 참여하고 있고, 2013년에는 400

가정을 목표로 하고 있다. 서현이 네가 한 달에 138kWh를 쓰면서 절전왕이 되었다. 지난 1년 동안 에너지 절약을 실천한 결과 성대골절전소에서만 3만 5,000kWh 이상을 줄인 것으로 나타났다.

〈그림 4-3〉 성대골 어린이도서관 벽에 마련된 성대골 절전소

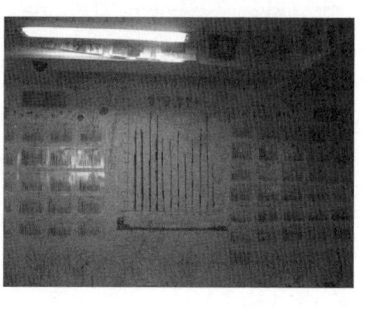

성대골절전소가 어떤 의미가 있을까? 2012년 여름, 도서관의 전기요금이 평균 1만 6,000원이 나왔다. 절전을 잘 실천한 덕분이다. 도서관에서 전력자립을 이루려면 3kW급 태양광발전기를 올려야 하는데 절전으로 에너지 소비를 줄였기 때문에 지금 수준을 유지한다면 1kW급 태양광발전기만 올려도 가능하다. 에너지 소비를 줄이는 것이 자립도를 높이기 위한 첫걸음이라는 것을 보여준다.

'원전하나줄이기' 합창단, 국사봉 중학교 강의, 착한가게

2012년 2월 성대골은 서울시 '원전하나줄이기' 정책 워크숍에서 절전소활동을 소개하면서 〈함께 해봐요〉라는 노래를 합창했다. 시민들이 함께하면 원전 하나를 줄일 수 있다는 메시지를 담은 노래였다. 주민들과 아이들이 맹연습 끝에 어설픈 합창단이 완성되었는데, 이때부터 성대골의 에너지 자립마을 만들기가 세상에 알

려지기 시작했다. 주민들도 합창단활동을 통해 자신들이 하는 일에 긍지와 보람을 느끼기 시작했다.

'착한에너지 지킴이'는 15명으로 시작해 점차 늘어나고 있다. 교육을 받고 몸소 실천을 하면서 자신감이 붙은 지킴이들은 국사봉 중학교 환경동아리와 함께 '우리 학교 절전소 만들기' 교육을 펼쳤다. 장승 중학교에서도 강의를 했다. 또한 지킴이들은 성대골절전소를 통해 집에서 에너지를 아끼다 보니 동네 가게들이 에너지를 낭비하는 것을 그냥 지나칠 수가 없었다. 가게에 무작정 들어가 절전소운동을 함께 하자고 설득했다. 그렇게 동네 안경점, 떡집, 미용실, 칼국수 집 등 10여 개의 상점이 '착한가게'에 동참하고 있다.

두 달에 한 번씩 열리는 마을장터에서 에너지 축제와 캠페인도 벌이고 있다. 자전거발전기로 전기를 만들어 함께 영화를 보고, 멀티탭 같은 에너지 효율기기를 판매하고, 겨울에는 계절에 맞춰 내복도 공동구매했다. 생활 속에서 필요한 것들을 실행에 옮겼다. 에너지 절약이 가정뿐 아니라 학교로, 마을상점으로 확산되고 있다. 이런 활동 하나하나가 '전환 프로젝트'라고 할 수 있다.

마을학교 '겨울나기' 프로젝트

에너지 절약습관이 자리를 잡자 '착한에너지 지킴이'들은 에너지 생산에 관심을 갖기 시작했다. 5월부터 마을학교에 모여 '도시에서 활용할 수 있는 적정기술'에 대해 강의를 듣고 공부했다. 소규모 태양광베란다, 태양열온풍기 만들기, 화목난로 만들기 등 다양한 공부를 시작했다. 이런 공부를 하면서 '흙부대생활기술네트워크', '핸즈적정기술협동조합', '초소형태양광발전기' 생산 기업과 연결되기 시작했다. 주민들은 마을에서 실천할 수 있는 적정에너지 기술에 눈을 뜨기 시작했다.

성대골이 '에너지 자립마을 만들기'를 목표로 열심히 활동하고 있을 때 서울시가 에너지 자립마을 만들기 공모사업을 발표했다. 서울시에서 정의한 에너지 자립마을은 '마을 단위 주민들이 자발적 절약과 실천활동을 벌여 에너지 자립도가 높은 마을공동체'를 말한다. 서울시는 토트네스의 '전환거리' 사업을 모델로 도시형에너지 자립마을 모델 사업을 시작했다. 주민 주도를 원칙으로 단계별로 지원한다. 1단계는 자발적인 에너지 절약단계로 마을에서 에너지 자립 목표를 세우고 에너지 교육과 절약을 실천하는 단계이다. 2단계는 단열개선사업, LED 조명 교체, 카셰어링 등 에너지 효율을 높이는 단계이고, 3단계는 시민햇빛발전소, 그린홈 보급사업 등 생산단계로 넘어갈 수 있도록 만들었다. 성대골공동체는 프로젝트를 신청할지 말지에 대해 오랜 토론을 거쳐 신청했고, 에너지 자립마을 시범 마을에 선정되었다.

성대골은 2012년 5월부터 '성대골마을학교'를 열어 방과 후 아이들의 공부방으로 사용하고 있었는데, 시멘트 바닥으로 된 강당을 빌렸기 때문에 난방대책이 없는 공간이었다. 그래서 서울시 에너지자립마을 프로젝트로 '마을학교의 겨울나기'를 실험하기로 했다. 석유나 가스, 전기를 제외한 난방방법을 시도하는 것이다. 먼저 마을학교 단열개선사업에 지원금 2,000만 원을 투자했다. 에너지 효율공사를 위한 기밀 테스트를 하고, 11월 5일부터 단열과 조명공사를 시작했다. 단열개선사업 전에 온도를 측정했더니 마을학교 밖과 안의 온도가 거의 같았다. 밖이 영하 17도이면, 실내도 17도였다. 마을회관 단열공사는 만만치 않았다. 건물주와 협의해 5년의 장기계약을 약속받고, 민원도 해결해야 했다. 당장 마을에서 유용하게 사용하던 공간이 사라지면서 주민들이 갈 곳이 없어진 것도 문제였다. 그런데 마을학교의 단열개선공사는 성대골 주민들이 새로운 대안을 찾는 데 매우 중요한 계기가 되었다. 주택에너지 절감에서 단열의 중요성을 절감하면서 단열개선을 전문으로 하는 마을기업을 만들어야겠다는 결심을 하게 된 것이다.

단열로 필요한 난방에너지 소모량을 줄인 다음 태양열온풍기를 달았다. 낮 시간에 태양이 뜨면 더워진 공기가 대류현상을 통해 실내로 유입된다. 온풍기를 설치하면 전력을 공급하지 않아도 태양을 통해 난방을 할 수 있다. 밤에는 대류식 큐브난로를 이용해 난방을 한다. 이 난로는 하자센터에서 열린 적정기술 워크숍을 통해 적정기술은 인간이 살아가는 데 없어서는 안 될 물, 에너지, 먹을거리, 집을 마련하는 데 있어 지역의 재료와 기술을 활용하는 기술이다. 1960년대 경제학자 슈마허(E. F. Schumacher, 1911~1977)는 제3세계의 가난에 대해 고민을 하던 중 적정규모의 기술이 필요하다고 주장했다. 적정기술은 현지 재료와 적은 자본, 비교적 간단한 기술을 활용해 지역사람들에 의해 이루어지는 소규모의 생산활동을 지향하는 기술이다. 기술이 사용되는 과정에서 노동을 통해 기쁨과

〈그림 4-4〉 산청 민들레공동체의 적정기술을 활용한 에너지 생산

보람을 느낄 수 있는 '인간의 얼굴을 한 기술'인 것이다. 슈마허는 이러한 적정기술을 개발하는 것이 제3세계의 빈곤문제는 물론, 자기파괴적인 거대 기술로부터 야기된 여러 문제들을 해결해줄 수 있다고 보았다.

에너지 자립마을에 적정기술을 사용하는 사례는 산청 민들레공동체를 통해 알려지기 시작했다. 이동근 소장은 영국의 대안기술센터를 수료하고 산청갈전마을에 대안기술센터를 만들어서 교육하기 시작했다. 더불어 김성원 씨가 운영하는 '흙부대생활기술네트워크', 이재열 씨가 운영하는 '자립하는 삶을 위한 적정기술네트워크'를 통해 적정기술이 교육되고 확산되기 시작했다. 2012년 11월에는 완주에서 '지속가능한 농촌, 에너지 자립은 가능하다'라는 워크숍이 열렸다. 한국과 일본의 적정기술을 서로 교류했는데, 태양열온풍기, 태양열온수기, 화덕 및 로켓스토브, 소형 바이오가스 플랜트 등에 대한 논의가 진행되었다. 마을 단위의 에너지 자립을 위해서는 최첨단 기술이 아닌 작은 규모에 지역자원을 활용하는 적정기술이 필요한 것이다.

전국적으로 지역에 적합한 적정기술협동조합을 만들기 위한 활동들이 벌어지고 있다. 더불어 완주에는 적정기술을 교육하고 연구하는 것을 중심으로 하는 '에너지 전환 적정기술 협동조합'이 만들어져 활동 중이다. 도시에서 적용할 수 있는 적정에너지 기술은 주택건물의 단열개선, 차양막, 태양열온풍기 등이다. '에너지 전환 적정기술 협동조합'에서는 앞으로 농촌과 도시에서 활용할 수 있는 다양한 적정기술을 연구하고 상용화하는 데 노력할 예정이다.

만든 효율 좋은 화목난로였다. 난로를 사용하면서 성대골 아이들이 뒷산에 나무하러 다니기도 하고, 목공소에서 버리는 자투리 나무를 활용하기도 했다(이후에 목공소 자투리 나무는 화학물질 때문에

사용하지 않기로 했다). 성대골의 난로이야기가 방송을 타면서 성대마트 과장님이 언젠간 쓸 예정으로 2년 동안 열심히 말려둔 장작도 기증받았다. 김소영 관장은 "뭔가 필요하면, 마을에서 구해진다는 것이 참 신기하다"라고 말한다.

성대골 주민들은 단열개선과 태양열온풍기, 화목난로를 활용해 마을학교의 난방문제를 해결했다. 이런 시도를 통해 에너지원 각각의 장단점과 개선점도 알게 되었다. 성대골에서 진행된 여러 가지 실험은 성공이든 실패든 함께 결정하고 함께 책임진다는 원칙을 지켰기 때문에 가능했다. 또한 성대골 마을학교 '겨울나기' 프로젝트는 서울시의 에너지 자립마을 만들기 정책을 만나 꽃을 피웠다. 공동체의 노력이 지자체와 함께했을 때 더 과감한 실험을 할 수 있는 것이다. 서울시가 성대골의 에너지 전환을 돕는 역할을 하고 있는 것이다.

마을에너지 기업과 움직이는 에너지 카페

성대골의 2013년은 더욱 활기차다. 주민들은 에너지 자립마을이 마을의 경제활동과 연결되어야 한다는 확신을 갖게 되었다. 토트네스 전환운동이 궁극적으로 마을경제와 결합해 활기를 찾았듯이 성대골에서도 마을에서 에너지 관련 일자리가 만들어져야 한다는 데 인식을 같이 했다. 마을학교 단열개선사업을 통해 도시에서는 단열개선사업이 매우 중요하다는 것을 깨닫게 되었다. 그래서 마을의 목수, 건축가, 인테리어업자와 보일러 시공, 집수리에 종사하고 있는 사람들이 단열개선기술을 배워 마을기업으로 거듭날 수 있도

록 준비하기로 했다. 협동조합형 마을기업구상은 활동가들을 양성하고 마을에 머물도록 하려면 수익구조가 있어야 하고, 이를 위해서는 마을기업을 만들고 마을기금을 조성해야 한다는 생각에서 만들어진 것이다.

더불어 이동하는 에너지 카페 '해!바라기'도 완성되었다. 트럭을 구하고, 태양광발전기와 태양열조리기, 자전거발전기를 설치해 재생가능에너지를 활용하는 카페가 완성되었다. 에너지 카페에서 계란을 익히고 솜사탕을 만들어 한 달에 280만 원 정도를 벌면 경제적 자립도 가능할 것으로 예상된다. 무엇보다 에너지 문제에 관심 있는 사람들이 있는 곳이라면 어디든 달려갈 수 있다는 장점도 있다.

요즘 성대골 주민들은 열심히 표를 팔고 있다. 상도 초등학교에

〈그림 4-6〉 상도초등학교에 태양광발전소를 설치하기 위한 모금방식으로
태양광 티켓 제작

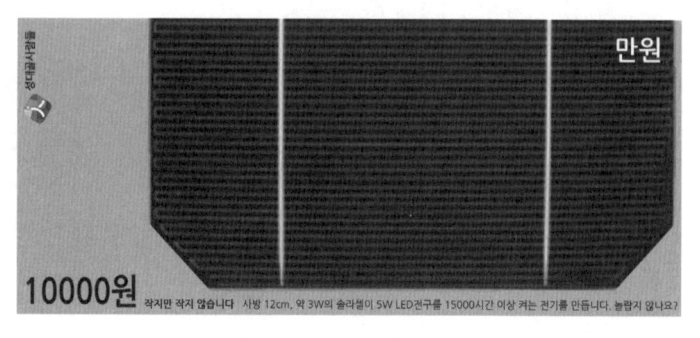

태양광발전소를 올릴 예정인데 작은 태양광 셀 하나를 1만원에 판
매하는 것이다. 주민들이 태양광에 출자해 2억 5,000만 원을 마련
한다는 목표이다. 태양광 홍보티켓에는 이렇게 적혀 있다. "작지만
작지 않습니다. 당신이 기부하신 1만 원으로 3.5W짜리 작은 셀 하
나가 평생 100kWh 이상을 생산해낼 것입니다." 티켓을 팔다 보면
자연스럽게 동네에서 에너지에 대해 이야기하게 된다. 성대골에
서는 에너지를 주제로 한 다양한 프로젝트를 준비하고 실행하면서
에너지 문제를 생활에서 풀어가고 있다.

성대골의 힘은 '공부'와 '재미'

성대골의 에너지 자립마을 만들기 운동은 토트네스의 전환마을
운동과 많이 닮아 있다. 서울에서 이토록 열정적으로 에너지 대안

을 찾으려고 노력하는 공동체가 있다는 것은 행운이다. 에너지 자립마을을 만드는 과정은 소비는 줄이고 생산은 늘리는 일이다. 주민이 주체가 되려면 적극적인 참여가 필수적이다. 이 참여를 이끌어내는 것은 교육이다. 주민들은 "왜 에너지 자립마을을 만들어야 하는가?"에 대해 스스로 확신이 있을 때 움직인다. 토트네스에서도 전환교육이 바탕이 되었듯이 성대골 주민들의 적극적인 실천도 교육과 워크숍을 통해 생각이 바뀌었기 때문에 가능했다. 주민들은 이제 성대골은 핵발전소의 문제점을 알기 전의 생활로 돌아갈 수가 없다고 이야기한다. 교육을 통해 에너지 문제가 얼마나 심각한지를 알아버렸기 때문이다. "핵발전소문제를 깊이 알게 되면 외면할 수 없다"는 주민의 말을 들으면 전환을 위해서는 '교육'과 '워크숍'이 얼마나 중요한지를 실감하게 된다.

이 일을 하는 것이 "재미있고 보람되는 일이다"라는 생각을 갖게 된 것도 중요했다. 착한에너지 지킴이 이미숙 씨는 "내가 없는 사이에 마을에서 어떤 일이 결정될까봐 회의에 빠질 수가 없다"라고 이야기한다. 이 정도의 열정과 관심이면 일이 안 될 수가 없다. 미래에 대해 걱정하기보다는 지금 당장 할 수 있는 일을 찾아서 행동에 옮기는 것이 더 행복하다는 것을 성대골 사람들이 보여주고 있다.

2013년 성대골은 서울문화재단 지역문화활성화사업에 공모해

〈그림 4-7〉 성대골 에너지 자립마을의 성공 요인

원전하나줄이기 합창단

절전소 "에너지 절약이 곧 생산"

소형태양광 발전소

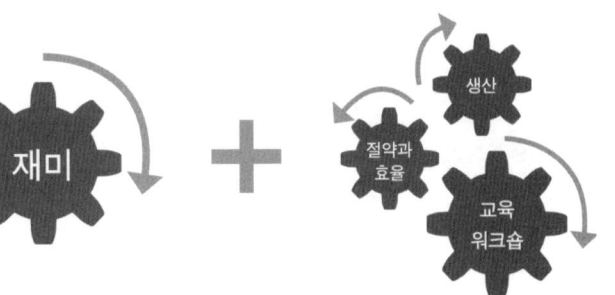

선정되었는데, 도서관을 통해 발굴된 마을사람들이 연극팀, 동네 밴드, 합창단, 마을벽화, 마을신문 만들기에 참여할 것이다. 성대골 체조나 소원한 가족 간에 춤을 통해 화합을 이끄는 커뮤니티 댄스는 지역주민들을 참여시키고 공동체를 확대하는 역할을 할 것으로 기대된다. 7호선 신대방삼거리역에 작은 무대와 연습장을 마련하고 세미나실, 마을기업 사무실, 홍보관 등을 만들 계획도 하고 있다. 이렇게 마을에서 재미있게 놀다가 연말에는 다양한 활동을 모두 모아 성대골 에너지 자립마을 축제를 열 예정이다. 이 축제를 통해 마을주민들이 즐기고 참여하면서 에너지 자립마을에 대한 그림을 함께 그려나갈 예정이다.

김소영 관장은 에너지 자립을 주도해나가면서 네트워크를 형성하고 확장하는 역할을 담당하고 있다. 서울시 '원전하나줄이기' 실행위원으로서 현장의 목소리가 시의 에너지 정책에 반영될 수 있도록 활동하고 있기도 하다. 성대골 에너지 자립마을 만들기는 서울시의 '원전하나줄이기' 정책과 결합해 협력모델을 만들고 있다. 성대골 사람들은 "공동체의 범위를 어디로 둘 것인가", "공적으로 설치한 시설은 누가 어떻게 책임지고 관리해나갈 것인가?", "재생가능에너지 생산에 따른 비용과 편익을 어떻게 부담할 것인가?" 등의 질문을 던지면서 함께 답을 찾아가고 있다. 문제를 풀기 어려우면 네트워크를 이용해 도움을 청하고 함께 해결해나간다.

성대골 사례가 알려지면서 마을에서 또는 지자체 차원에서 변화를 모색하려는 움직임이 활발하게 일어나고 있다. 서울시 '원전 하나줄이기' 정책에 동참하는 많은 시민사회 단체들과 마을모임에서 "도시에서 에너지 자립마을을 만들려면 어떻게 해야 하나요?"라는 문의도 늘어나고, 자료를 요청해오고 있다. 성대골을 중심으로 서울에서 에너지 자립마을을 만들려고 하는 사람들이 서로 소통하고 있다.

인간은 긍정적인 운동과 대안을 항상 갈구한다. 에너지 위기 시대에 막연한 두려움보다는 "지금부터 준비하면 문제가 없어!"라는 확신을 얻고 싶어 한다. 그런 의미에서 대안모델을 만들어가는 노력은 너무나 소중하다.

에너지 자립마을과 전환운동

에너지 자립마을과 전환운동

서울은 아니지만 산청 민들레공동체가 있는 갈전마을은 우리가 에너지 문제를 어떻게 풀어야 하는지 답을 보여준다. 공동체 식구들이 함께 사용하는 집은 갈 때마다 다른 모습이다. 소형 태양광발전기가 한 개에서 세 개로 늘어나기도 하고, 자전거발전기가 추가되기도 하고, 수십 명이 먹을 수 있는 태양열오븐이 만들어져 있기도 하다. 살아가는 데 꼭 필요한 먹을거리와 에너지를 생산해내는 적정기술을 잘 활용하고 있다. 그런데 이 공간은 생산만 이야기하는 것은 아니다. 공동체건물 현관 오른쪽 옆에는 일반 주택에는 없는 계량기가 하나 달려 있다. 풍력과 태양광이 생산한 전력을 다 써버리면 스위치가 바뀌면서 자연에너지에서 석유와 원자력이라고 쓰인 쪽으로 돌려진다. 한전에서 만든 전기를 쓰는 것이다. 적어도 이 집에 사는 사람들은 우리가 사용하는 전기가 핵에너지와 석유, 석탄으로 만들어진다는 것을 의식하고 살아간다는 것이다. 에너지 자립마을 사람들은 우리가 어떤 에너지원으로 만든 전기를 사용하는지를 알아야 한다는 말이다.

에너지자립율을 높이는 방법

$$\text{마을 에너지 자립율 } \blacktriangle \quad = \quad \frac{\text{동네 에너지 생산량 } \blacktriangle}{\text{동네 에너지 소비량 } \blacktriangledown}$$

에너지 자립마을을 만들어가는 과정은 마치 농사짓는 과정과도 같다. 땅을 일구는 기반작업이 있어야 하고, 어떤 작물을 키울지 계획을 해야 하며, 농사를 짓고, 추수하고, 다음 농사를 준비한다. 에너지 자립마을도 어디서 에너지를 줄이고 생산할지를 계획하고, 실행에 옮기고, 다음 활동계획을 준비한다. 문제는 그 과정에 얼마나 많은 주민들이 함께 참여하는가에 있다.

땅 일구기	주민의 이해와 공감대 형성: 공동의 목표 세우기	무엇을 어떻게 할 것인가에 대해 주민 간의 합의가 먼저 이루어져야 한다. 그 목적에 따라 마을에너지 디자인은 달라진다. 주민들이 함께 공동의 목표를 세우고 자립마을의 밑그림을 그려본다. 밑그림을 그리기 위해서는 강의 듣기, 이웃 마을 답사하기, 워크숍 진행하기, 에너지에 대한 생각나누기 등의 프로그램을 진행한다.
씨 뿌리기	우리 동네 공부하기	1) 우리 동네 에너지 소비현황 파악하기 - 우선 지역에서 소비하는 에너지의 형태를 파악한다. 주로 사용하는 에너지는 냉난방, 조명, 전기에 들어가는 에너지와 수송연료로, 소비형태와 소비량을 알아야 그에 적합한 동네 에너지 생산 방식을 결정할 수 있다. 2) 우리 동네 에너지 자립목표 세우기 - 마을의 에너지 소비형태와 소비량, 지역에서 가용한 에너지원과 에너지양을 파악했다면 주민들 간의 충분한 논의를 거쳐 동네 에너지 자립목표를 세운다(목표는 실천을 하면서 세워도 된다). 3) 우리 동네 에너지 자립을 위한 구체적인 프로그램 계획하기 - 주민들이 필요한 일, 간절히 원하는 일을 먼저 계획한다.
농사짓기	에너지를 아끼고 에너지 효율을 높이는 일부터 시작하기	가장 효율적인 에너지 생산법은 에너지 절약과 효율향상이다. - 전기절약 : 절전소, 대기전력 차단, 압력밥솥 사용 안 하기, 멀티탭 사용하기, LED 등 교체 - 난방절약 : 내복, 에어캡, 창문 틈새바람 막기, 중문, 내단열, 창호 교체, 외단열 등 단열공사 - 운송절약 : 대중교통, 자전거, 카셰어링
	마을에서 '재생가능에너지'에 투자하기	어디에 얼마만큼의 에너지가 숨어 있을까? - 마을에 어떤 재생가능에너지원이 있으며, 이를 어떤 기술과 결합해 얼마만큼의 에너지원을 생산해낼 수 있는지에 대해 조사한다. 단순히 에너지원을 재생가능에너지로 바꾸는 것만으로는 부족하다. 어떻게 하면 주민들을 에너지 생산활동에 연결시킬 수 있을까에 대한 고민이 필요하다. 지역주민들이 에너지를 생산하는 데 투자자가 되는 것도 방법이다.
추수하고,	수확한 에너지를 잘 사용하기	태양, 바람, 땅의 힘만으로는 석유나 원자력처럼 많은 전기를 쉽게 만들 수 없다. 기후변화와 에너지 고갈의 시대,

서울시의 에너지 자립마을 만들기 사업은 토트네스의 전환거리를 떠올리게 한다. 에너지 자립마을의 방식은 전환운동과 맞닿아 있다. 에너지 자립마을이 지속되기 위해 중요한 것은 절약, 효율, 생산이지만 장기적으로 마을에 에너지 경제가 확립되어야 한다. 토트네스에서 '토트네스 재생가능에너지협동조합'을 만들거나 성대골에서 단열개선을 하는 마을기업을 만드는 일에서 볼 수 있듯이 마을에서 에너지 분야에 종사하는 일자리가 만들어지는 것이 중요하다.

2012년 서울시는 동작구 성대골, 성북구 돋을볕마을, 금천구 새재미마을, 도봉구 방학우성2차아파트와 방아골, 강동구 십자성마을과 한솔솔파크를 에너지 자립마을로 선정했다. 2013년에는 광진구 긴고랑마을, 은평구 산골마을, 동대문구 래미안아름숲, 구로구 쌍용플래티넘노블의 네 개 마을이 추가되었다. 이러한 에너지 자립마을 공동체 하나하나가 전환도시 서울을 만들기 위한 중요한 새싹들이다. 아래에서는 에너지 자립마을을 준비하고 있는 '돋을

〈그림 4-8〉 에너지 자립마을의 궁극적인 목표는 마을 에너지 경제 확립

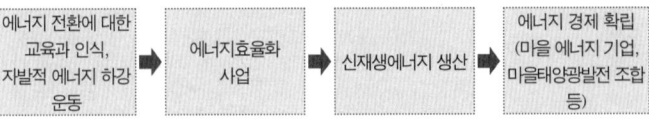

에너지 전환에 대한 교육과 인식, 자발적 에너지 하강 운동 → 에너지효율화 사업 → 신재생에너지 생산 → 에너지 경제 확립 (마을 에너지 기업, 마을태양광발전 조합 등)

볕마을'과 '새재미마을'을 소개한다.

돋을볕마을이 있는 정릉동은 북한산 옆 자락 구릉지대에 자리 잡은 정릉 1, 2, 3, 4동을 말한다. 현재 144가구가 아직도 연탄을 사용하고 있다. 2011년 녹색성북네트워크를 통해 녹색연합, 복지관, 한살림에서 에너지 복지사업을 진행하면서 에너지 문제에 관심을 갖게 되었다. 1차년도에는 씨앗을 뿌리는 작업이 이루어졌다. 돋을모임으로 약 51가구가 매달 한 번씩 모여서 에너지 절약 아이디어를 나누고 에코마일리지에 가입하는 일을 진행한다. 그린리더 대표들이 모여서 추진위원회 활동을 하고 있으며, 주민들과 함께 비전 워크숍도 진행했다. 고대부고 배밭골축제에서는 청소년 그린리더들이 자전거발전기를 만들고 시연했다. 2013년에는 동아리를 만들어볼 생각을 하고 있다. 돋을볕 문패, 에너지 다이어리(수첩), 달력, 메리에너지마스 등의 캠페인도 진행했다. 자발적인 소모임을 만들기 위해 비전 워크숍을 준비하고 있다.

금천구 새재미마을은 에너지 지도를 만들었다. 통반장, 주민자치위원회, 학부모회로 구성된 마을 과제추진위원회를 구성해 18차

례에 달하는 모임을 진행했다. 마을에 있는 50가구에 대해 주택에 너지 실태를 조사하고, 주택에너지 효율화사업 대상 가구 22가정 을 선정하여 우선순위에 따라 12가구에 대한 집수리를 진행했다. 시공비는 금천구 예산과 아름다운재단 '공익형 집수리'사업으로 충당했고, 내단열, 외단열, 새시 현관을 교체했다. 금천구에서 사 회적기업을 준비하고 있는 도배와 미장을 하는 분들과 같이 공사 를 진행했다. 마을공간 사랑방을 에너지 효율을 높이는 방향으로 새 단장을 할 계획을 세워놓았다. 녹색실천을 한 가정에 문패를 설 치하고, 에너지 관련 환경교육을 하고 장수마을과 성미산 답사를 진행했다. 에너지 영웅 사진전을 개최하고, 마을 에너지 달력을 제 작하는 등 에너지 절약을 주제로 한 다양한 프로젝트가 진행되고 있다.

전환자치구 강동구

서울의 25개 자치구 중에서 강동구의 친환경 정책은 손꼽힌다. 강동구는 2010년 10월, 강동구가 지향하는 비전을 'CO2 Low · 쿨 시티(Cool City) 강동'으로 정했다. 기후변화에 대응하겠다는 것이 다. 2011년 10월 저탄소녹색도시 마스터플랜을 수립하고, 2012년 3월 '원전하나줄이기' 거버넌스 조직으로 쿨시티 강동네트워크를 발족했다. 2020년까지 온실가스를 30% 줄여 도시열섬화가 적은 시원한 도시로 거듭난다는 목표를 세웠다. 서울시가 원전하나줄이기 정책을 진행하면서 노원구, 성북구, 강동구, 금천구 등이 매우 적극적으로 에너지 정책을 펼치고 있지만, 그중에서도 강동구는 공무원과 주민들이 함께 협력하는 거버넌스 구조를 가지고 있다. 하나하나가 전환의 개념과 맞아떨어진다. 자치구가 전환을 위해 어떤 일을 할 수 있는지를 강동구 사례를 통해 살펴보고자 한다.

저에너지 친환경 공동주택 가이드라인

강동구에서는 공동주택을 지을 때 구의 규정을 따라야 한다. '저에너지 친환경 공동주택 가이드라인'을 자체적으로 마련해 적용하고 있기 때문이다. 300세대 이상 규모의 재건축정비사업 및 주택건설사업을 실행하는 주체는 '친환경건축물 인증기준'에 의한 자체평가서, '건축물 에너지 절약 설계기준'에 의한 에너지절약계획서(또는 '건물 에너지 효율등급 인증에 관한 규정'에 의한 에너지 성능평가표), 강동구 저에너지 친환경공동주택 평가서에 의한 배점표를 작성해 제출해야 한다.

저에너지 친환경 공동주택은 생태면적률이 40% 이상(자연자원 활용, 생물서식공간 조성, 인공지반녹화 등), 냉난방에너지 저감률이 40% 이상(창호단열성능, 기밀성능, 기능성 건축자재, 고효율 시스템, 조

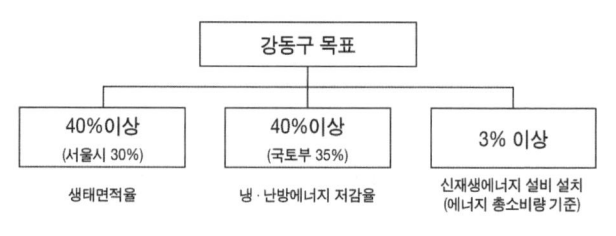

명부하 저감 등), 신재생에너지 설비가 3% 이상(커뮤니티 센터, 노인정 등 공공시설 에너지 제로화 권고 등)이어야 한다. 단지와 단지 사이에는 그린웨이를 조성하고, 물 순환기술을 적용하며, 자전거 도로를 조성하도록 했다. 친환경건축물 인증 136점, 에너지성능지표 100점 등을 가이드라인으로 설정하고, 친환경건축물 85점, 에너지 성능지표 90점을 기본적으로 준수하도록 하며, 가이드라인이 80점 이하일 경우 자문을 받도록 하고 있다. 이렇게 강동구에서 설정한 기준은 서울시와 국토교통부 기준보다도 높다. 지자체에서 환경과 에너지 정책에 우선순위를 두고 자체적인 기준을 통해 에너지 저감률을 높이는 기준을 실시하고 있다는 것이 의미 있다.

강동구에서는 '전환'을 주제로 한 실험이 활발하게 일어나고 있다. 에너지 절약과 생산을 주제로 한 일곱 개의 전환 프로젝트가 진행되고 있다. 수송 부문에서 화석연료의 의존도를 낮추는 바이오디젤 전용 주유소가 있다. 폐식용유를 모아 강동구 청소차 연료

〈그림 4-10〉 강동구에서 진행 중인 일곱 가지 전환프로젝트 위치도

1. 바이오디젤 주유소
2. 바이오에너지 체험농장
3. 십자성 에너지자립마을
4. 둔촌 한솔솔파크 에너지자립마을
5. 에너지절약형 첨단업무단지
6. 친환경 재건축단지
7. 로데오거리 에너지 특구

로 사용하고 있고, 이를 활용하기 위해 전용 주유소를 만들었다. 폐식용유를 운송연료로 사용하는 과정을 교육하기 위해 바이오에너지 체험농장을 운영하고 있는데, 유채꽃과 해바라기를 순환재배하고 어린이들에게 신재생에너지 체험의 기회를 제공한다. 단독주택형 에너지 자립마을로는 십자성마을과 공동주택형의 둔촌 한솔솔파크가 있다.

지구조성의 계획단계부터 에너지 효율을 고려한 설계를 적용한다. 강일동 첨단업무지구에 들어서는 건물은 모두 에너지 고효율 건축과 재생가능에너지 시설을 기본으로 하고 있다. 앞으로 기후

변화센터, 열병합발전소, 수소연료전지발전소를 차례차례 완성해 나갈 계획이다. 고덕 시영아파트 재건축단지는 앞서서 살펴본 '친환경 건축물 설계 가이드라인'을 적용해 냉난방에너지를 40% 절감하는 단지로 조성된다.

마지막으로 천호동 로데오 거리를 에너지 절약 시범특구로 조성해 상업 부문 에너지 절약의 상징사례로 만들려고 한다. 천호동 로데오 거리에서는 상인들이 평소에도 지구촌 소등 행사, 개문 냉방 영업제한 등 에너지 관련 정책에 적극 동참하고 있다. 절약을 위한 노력과 더불어 에너지 효율 개선사업을 벌인다. 상가들이 절전소를 운영하고, 적정조명을 도입해 과도한 조명을 없애며, LED 등으로 교체하는 사업을 시작했다. 강동구 차원에서 7개의 작은 전환운동이 벌어지고 있고, 공무원들과 주민들이 서로 협력한다.

전환자치구가 되는 데 강동구가 갖고 있는 또 다른 장점 중 하나는 서울시 25개 구 중에서 가장 활발하게 도시농업을 활성화하고 있다는 점이다. 강동구 역시 전환도시 개념을 적용해 전환을 추진하는 것은 아니지만 먹을거리와 에너지 자립도를 높이기 위한 다양한 활동을 펼치고 있어 '전환자치구'로서의 기반을 갖춘 셈이다.

십자성 에너지 자립마을

십자성마을은 천호동 40, 43번지 일대로 월남참전 전상용사들로 구성된 유공자 마을이다. 1974년 (재)파월전상자자립회가 발족된 후 십자성마을이라는 휘호를 받았다. 유공자 마을인 만큼 애국심이 높고, 주민 간의 유대관계가 좋으며, 공동체의식이 강하다. 마을에서 자체 사업을 벌이기 때문에 운영조직도 만들어져 있다. 처음에는 사업을 진행하는 것 자체를 부담스러워 했는데, 마을회관에서 열린 '에너지 위기와 기후변화위기'에 대한 강의와 부안 등 용마을로 가는 길에서 진행된 '왜 에너지 절약인가'에 대한 강의를 듣고 난 후 주민들이 에너지 자립마을 만들기에 대한 필요성을 느끼게 되었다. 강동구의 서울시 에너지 자립마을 만들기 공모에 신청하려고 발굴한 마을이지만 교육을 통해 주민들이 성대골처럼 '필요성'을 절감하게 되었다.

주민들은 답사에서 돌아오자마자 전자제품 코드를 뽑고 대기전력을 차단했다. 성대골을 방문하여 구체적으로 어떤 일을 해야 하는지에 대한 정보도 얻었다. 틈새바람 막기 창호단열작업을 직접 해보고 마을회관에도 방풍시공을 했는데, 만족도가 매우 높았다. 에너지 가계부와 에너지 책자도 만들고, 마을회관에는 에너지 자립마을에 대한 벽화도 그렸다. 강동구에서는 교육의 중요성을 생각하면서 아래와 같은 에너지 자립마을 만들기 교육 프로그램을

〈표 4-2〉 십자성마을과 둔촌동 한솔솔파크에서 진행했던
에너지 자립마을 만들기 교육

회차	구분	단원	교육 내용	강의실
1차 12.5(수)	이론	에너지 자립마을	에너지 자립마을 만들기	평생학습센터
2차 12.7(금)	이론	탈핵	"탈핵은 가능하다"	평생학습센터
3차 12.12(수)	실습	에너지 진단	가정에너지 진단법	십자성 마을회관
		BRP 기술습득	방풍 강의 및 실습	
		신재생에너지 기술습득	미니태양광, 태양열온 풍기강의 및 실습	
4차 12.14(금)	견학	성대골 견학	성대골 견학(강의, 시설 탐방)	성대골
5차 12.21(금)	워크숍	에너지 자립마을	에너지 자립마을 만들기 워크숍	둔촌 한솔솔파크 노인정
6차 12.24 ~12.28	실습	컨설팅	마을주택별 적합에너지 찾기	십자성마을, 둔촌 한솔솔파크

체계적으로 마련해 진행했다. 이는 롭 홉킨스가 '스킬링 업 포 파
워다운'이라는 교육 프로그램을 개설하면서 마을에서 적극 활동할
사람들을 키워내는 작업과 같은 것이다.

2013년도의 에너지 자립마을을 만들기 위한 준비는 더욱 구체
적이다. 마을의 열 세 가정이 자비를 들이고 지원금을 받아 태양광
발전기를 설치한다. 십자성마을은 서울에서 드물게 마을회관을
가지고 있다는 장점이 있다. 그래서 마을회관에 절전소를 설치해
주민들의 에너지 소비량을 꾸준히 줄여나갈 예정이다. 지난해 대

비 올해(1~5월)는 약 9.8%의 전기소비를 줄였다. 더불어 마을의 공동재산인 마을회관을 에너지 교육 공간으로 활용할 계획이다. 십자성마을 주민들은 평균 연령이 높은데 다음 세대를 위해 무엇을 할 것인가 고민하다가 마을회관을 개방해 에너지 홍보체험관으로 사용하기로 했다.

주민들과 회의를 하다 보니 강동구에는 연결할 수 있는 자원이 많았다. 암사선사유적지에서 원시에너지를 체험하고, 십자성 에너지 자립마을을 방문한다. 마을 옆 홈플러스는 그린스토어로서 다양한 재생가능에너지 기술을 선보인다. 이어 태양광 발전시설이 있는 구민회관, 천호중학교, 천호1동 주민센터를 견학하고, 공동주택형 에너지 자립마을인 둔촌 한솔솔파크를 방문한다. 마지막에는 유채꽃과 해바라기를 재배해 바이오디젤을 생산하는 바이오 체험농장을 방문한다. 이렇게 십자성마을을 중심으로 강동구의 에너지 전환현장을 둘러보는 프로그램이 완성되는 것이다. 이런 계획을 세울 수 있었던 것은 강동구청 공무원들이 주민들과 소통하고 함께 만들어가려는 노력을 기울였기 때문이다.

전환도시 서울, 어떻게 준비할 것인가

왜 전환도시 서울을 만들어야 할까?

전환도시 서울을 만들려면 시민들에게 전환도시가 무엇인지에 대해 알리고 공감을 얻어야 한다. 토트네스에서는 전환마을을 '기후변화'와 '피크오일'에 대한 공동체의 해답이라고 정의하고 있다. 서울에서도 마찬가지 정의를 내릴 수 있을 것이다. 이야기할 것은 좀 더 다양하다. 기후변화와 피크오일 외에도 핵에너지에 대한 문제를 던질 수 있다.

기후변화에 대비하는 일, 석유로부터 독립하는 일, 핵에너지의 위험에서 벗어나는 일은 개별적인 문제가 아니라 모두 '에너지'에 관한 문제로 수렴된다. 따라서 이 모든 것이 한 가지 문제가 각기 다른 측면으로 나타나고, 연결되어 있다는 생각을 갖는 것이 중요하다. 토트네스에서도 가장 처음 했던 일은 주민들에게 질문을 던지는 일이었다. "석유 없는 세상이 되면 토트네스에서는 어떤 일이 발생할까?"와 같은 질문을 서울시민들에게도 던져야 한다. "석유 없는 세상이 되면 서울에서는 어떤 일이 발생할까?", "핵에너지 없는 세상을 만들려면 서울은 어떻게 변해야 할까?" 등의 질문을 마련해보자. 이를 바탕으로 한 첫 모임은 아주 잘 준비되어야 한다. 그래야 시민들이 꾸준히 이 문제에 흥미를 가지고 동참할 수 있기

ATMOS	Co-housing	Communications	Cycling Group	Dartmouth to St Malo Ferry
Do-It-Ourselves Skillshares (D.I.O)	Eco Construction Group	Energy Descent Pathways	Food Hub	Food Linking Project
Gardenshare	Green Angels - Private Investment Opportunities	Heart and soul Workshops	Local Food Guide	Mentoring Service
My story	Nut Tree Planting Project	Planning Action	Seedy Sisters	Solar Thermal Challenge
Talking Transition	The Land Society	Totnes Healthy Futures Project	Totnes Pound	Totnes Sustainable Construction Company
Transition Homes	Transition Library	Transition Streets	Transition Tales	Transition Together
TRESOC	TTT Film Club	TTT Supporters		

자료: Hopkins(2008).

때문이다.

이미 시작한 것들 - 전환공동체와 전환실험

너무 어렵게 생각하지는 말자. 서울시가 하고 있는 다양한 정책 중에서 전환도시 서울을 만들 수 있는 작은 프로젝트들이 이미 기획되어 진행 중이다. 시민들은 전환 프로젝트에 참여하고 있지만 그 일이 전환도시 서울을 만드는 일이라고 인식하지 못하고 있을 뿐이다. 수많은 공동체가 토트네스처럼 전환을 위한 다양한 활동

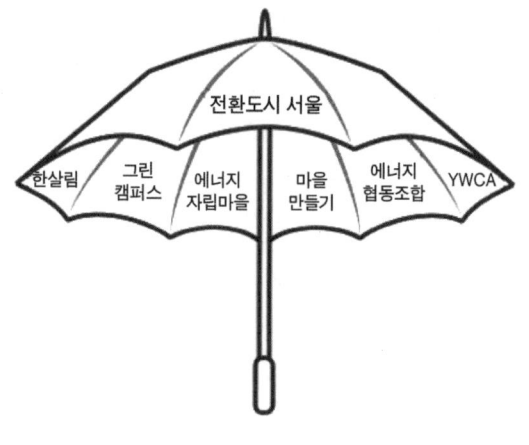

〈그림 4-12〉 전환도시 서울의 워킹그룹이 될 가능성이 높은 공동체들

을 벌인다면 그 공동체들이 모여 전환도시 서울을 만들게 될 것이다. 열한 개의 에너지 자립마을, 그린캠퍼스 활동을 벌이는 대학공동체, 청파교회와 같은 교회공동체에서 전환을 준비하고, 에너지협동조합이 전환그룹으로 참여할 수 있다. 탈핵에너지전환운동에 동참하는 YWCA와 한살림, 녹색서울시민위원회도 전환공동체가 될 수 있다. 중요한 것은 전환은 개인의 전환이 아니라 공동체의 전환이어야 한다는 점이다. 마을 만들기 지원센터도 전환도시 서울을 위한 중요한 공동체 조직이 될 수 있다. 전환도시 추진조직은 자원봉사단체, 시민사회단체, 사회적 기업, 예비 사회적 기업, 조합, 사단법인 등 다양한 형태를 취할 수 있다.

전환공동체에서는 다양한 전환실험을 할 수 있는데, 이미 서울에서는 먹을거리, 에너지, 자원순환, 경제 부문에서 다양한 전환 프로젝트가 진행되고 있다. 도시농업에서도 노들텃밭, 레알텃밭, 게릴라 가드닝, 옥상텃밭을 중심으로 농부시장과 도시양봉까지 확장되고 있다. 에너지 전환을 위해서는 에코마일리지, 절전소, 초소형 태양광 보급, 서울형발전차액지원제도 등이 도입되었다. 마을기업으로 두꺼비하우징이나 성대골 에너지 카페, 서울시민햇빛발전협동조합 등이 생기며 일자리와 경제영역으로 확산되고 있다. 서울시로서는 전환을 위한 기초 체력을 어느 정도 갖추고 있는 셈이다.

문제는 전환을 조직하는 일이다. 서울의 많은 공동체들이 전환이라는 목표와 지향 아래 전환조직과 전환실험에 동의하고 함께하도록 만드는 일이 중요하다. 마을공동체사업이나 도시농업을 전환의 관점에서 재해석하고 연결하는 과정이 필요한 것이다.

전환을 네트워크 하는 일

누군가는 전환운동을 기획하고 연결하는 역할을 해야 한다. 시민들이 석유 없는 세상이 왔을 때 서울이라는 대도시가 어떻게 변할지 상상하고 시나리오를 만들 수 있도록 조직하는 역할을 해야 한다. 그리고 전환도시 서울을 위한 '에너지 하강 행동계획 2030'

〈그림 4-13〉 전환도시 서울을 만들기 위한 전환 프로젝트

토종종자 지키기	시민햇빛 발전협동조합	착한가게	업사이클링
노들텃밭	그린스쿨 -수호천사단	마을카페	도시광산
레알텃밭	에코마일리지	성미산 코하우징	되살림 가게
게릴라 가드닝	절전소	마을기업	예술 창작
농부시장	초소형태양광	자전거	에코 아트
도시농부	에너지설계사	카쉐어링	
도시양봉	두꺼비하우징		

을 만들어야 한다.

TTT는 전환도시를 만들기 위한 열두 가지 요소를 〈표 4-4〉와 같이 제시하고 있다. 1~4단계까지가 시민들에게 어떻게 문제의식을 던질 것인지를 준비하는 과정이다. 먼저 준비위원회를 꾸리고 준비위원회부터 전환에 대한 공부를 해야 한다. 토트네스에서 만들어놓은 전환도시 매뉴얼 'Transition Initiatives Primer: ver. 26'이 있기 때문에 이 매뉴얼에 따라 전환도시에 대해 잘 이해한 사람들로 준비위원회를 구성해 전환도시 서울 만들기의 기본 방향을 정하고 추진 일정을 수립해야 한다. 준비위원회는 어떻게 하면 전환

<표 4-4> 전환도시 추진을 위한 열두 가지 요소

1. 준비위원회 구성	- 프로젝트 추진을 위한 핵심 팀 구성 - 2~5단계에 걸쳐 최소한 4개 분과위원회가 구성되면 준비 위원회를 해산하고 각 분과위원회 당 1인이 참여하는 조직 으로 개편
2. 인식 제고	- 협력 파트너를 파악하고 전환운동 출범을 위한 준비작업 을 함 - 실효성 있는 에너지 하강 행동계획을 수립하기 위해서는 참여자들이 기후변화와 피크오일로 일어나는 결과에 대한 이해 필요
3. 기반 구축	- 기존 단체, 활동가들과 네트워크를 구축하는 단계 - 기존 단체가 하는 일을 인정하고 그들이 중요한 역할을 하 고 있다는 점을 강조
4. 출범식 개최	- 프로젝트가 성숙되었음을 알리는 기억할 만한 이정표를 만들기 - 2단계로부터 6개월에서 1년 이내에 개최하는 것이 바람직
5. 실무그룹 구성	- 에너지 하강 행동계획을 수립하기 위해서는 지역사회의 집단지성을 활용할 필요가 있음 - 먹을거리, 폐기물, 에너지, 교육, 청소년, 경제, 교통, 물, 지 방정부 등 분과위원회 구성
6. 회의 진행	- 오픈 스페이스 기법을 이용한 토론은 '전환운동' 회의를 운 영하는 데 매우 효과적인 접근방법 - 이론상으로는 이러한 방법이 작동할리가 없으나 대규모 그 룹이 안건이나 회의시간, 사회자, 회의록 작성자도 없이 특정한 주제나 이슈에 대해 논의할 수 있고, 매우 효과적임
7. 가시적이고 실질 적인 사업 제시	- 참여자들이 희망을 이야기하는 대화의 장에 불과하다는 우려를 불식시킬 필요가 있음 - 초기부터 실질적이고 가시적인 사업 내용을 담아내야 함
8. 재교육 활성화	- 공동체의 재지역화를 통해 기후변화와 피크오일에 대응할 수 있으려면 할아버지 세대가 당연하다고 여겼던 많은 기 술(수리 및 수선, 요리, 염색, 텃밭 경작 등)이 다시 필요함 - 재교육 및 재훈련 과정을 통해 지난 40년간 잃어버렸던 손 을 사용하던 기술을 찾아야 함
9. 지방자체단체 파	- 지방정부와 긍정적이고 생산적인 관계를 만들어야 함. 법

트너십 구축	정계획, 재정 측면에서 지방정부와 긴밀한 협력 필요
10. 노인 공경	- 1930년대와 1960년대 사이, 값싼 석유 시대를 살았던 고령자들의 경험과 지혜를 배워야 함
11. 자연스러운 사업 추진과정	- 문제에 대한 해답을 내려고 하거나 엄격한 기준에 따라 프로젝트를 추진하기보다 지역공동체가 집단지성을 활용해 스스로 전환계획을 수립할 수 있도록 촉매 역할을 해야 함
12. 에너지 하강 행동계획 수립	- 분과위원회는 공동체의 회복력을 높이고 탄소발자국을 줄이기 위한 실제적인 행동에 초점을 맞추어 논의 진행 - 분과위원회의 작업 결과를 모아 정리하면 에너지 하강 행동계획이 됨 - 전체적인 시간계획과 회복력 지표 등을 추가함

자료: Hopkins(2008).

개념을 시민들에게 쉽게 전달할 수 있을 것인지, 서울이 가진 특성을 반영해 어떻게 전환을 조직하고 전파할 것인지 숙의를 거쳐야 한다.

녹색서울시민위원회를 전환도시 서울 추진위원회로 개편하는 것도 한 가지 방안일 수 있지만 녹색서울시민위원회 내에서 전환운동에 대해 얼마나 열정적으로 작동할 수 있는가가 문제이다. 외부의 제안이 아니라 안으로부터 전환운동을 위한 열정을 키워 자발적으로 움직일 수 있는 것이 중요하다. 전환에 대한 화두를 시민들에게 던질 때는 많은 고민이 필요하다. 예를 들면, '더 체인지'가 제작한 '모/떠/꿈 매뉴얼'과 같이 시민들을 대상으로 '모여서, 떠들고, 꿈꾸는' 다양한 방법의 소통실험을 한 그룹들과 어떻게 논의할지 미리 계획하는 것이 중요하다. '더 체인지'는 참여와 소통 플랫

폼을 통해 세상을 바꾸는 새로운 방법들을 기획하고 전파하는 일을 목적으로 하는 비영리단체이다. 토트네스에서 진행했던 오픈 스페이스 방법을 서울에도 적용할 수 있는지, 이야기 방식에 대해서도 미리 준비해야 한다.

5단계에서 기존 조직과 네트워크를 구축해 출범식을 개최하면 그때부터 본격적인 '에너지 하강 행동계획' 수립과정에 들어간다. 분과위원회를 구성하고 집단지성을 활용해 내용을 만들어간다. 이 과정에서 지방정부의 협력과 재교육이 중요하다. 재미있는 것은 '노인 공경' 부문이다. 지금과 같이 석유에 의존하지 않았던 시대를 살았던 어른들의 지혜를 소중히 여기자는 것이다. 예를 들면 화학비료 없이 농사를 짓거나 토종 종자를 지키거나 적정기술을 활용해 생활에 필요한 것들을 스스로 만들 줄 아는 지혜가 소중하다는 것이다.

전환을 대하는 서울시 공무원의 자세

전환도시 서울을 만들기 위해서는 준비위원회를 잘 구성하고, 전환도시를 만들기 위한 12요소를 토대로 일을 진행해야 한다. 전환을 준비하는 주체는 다양하게 만들어질 수 있다. 전환도시 추진을 위한 12요소에는 지자체 협력이 포함되어 있다. 이를 위해서는 공무원들이 전환공동체의 전환계획을 잘 이해하고 거기에 협력해야 한다.

공무원은 자신들이 펼치는 정책을 어떻게 하면 '전환'이라는 개념과 연결시킬 수 있을까를 고민해야 한다. 서울시는, 전환도시를 가능하게 하는 법과 제도 정비, 재정 지원, 이해관계자를 연결하는 네트워크 역할을 수행할 수 있다. 이를 위해서는 공무원을 대상으로 한 '전환교육'이 필요하다. 공무원들은 공동체가 전환을 고민하고 실천할 수 있도록 잘 도와야 한다. 서울시의 에너지 자립마을 만들기 정책은 이러한 전환을 지원하는 정책이라고 할 수 있다.

더불어 전환마을이나 전환도시 만들기의 성공과 실패 사례를 같이 배우는 것이 중요하다. 전환 옥스퍼드는 기존 단체와의 충돌, 전환로스앤젤레스는 지역통화 운영 부진, 공동텃밭 조성 난관 등의 실패를 겪은 바 있다. 전환의 일곱 가지 장애요인으로 재원 부족, 행정과 기업의 반대, 기존 단체와의 갈등, 환경문제에 대한 무관심, 이미 늦었다는 무력감, 경험과 자격이 없다는 생각, 용기와 열정의 부재 등이 있다. 이를 극복하기 위해 전환도시를 만들어가는 사람들이 가져야 할 일곱 가지 원칙으로 긍정적인 비전 그리기, 다른 사람들이 좋은 정보에 접근할 수 있도록 지원하고 그들의 결정을 신뢰하기, 소속감과 개방적인 태도 갖기, 공유와 네트워킹, 회복력 구축, 내부(인간의 심리와 행동)와 외부 전환, 보충성의 원칙(적절한 수준에서의 자기조직화와 의사결정) 등을 강조해야 한다.

토트네스에서 만든 '에너지 하강 행동계획'은 공동체가 스스로 만들었다. 그리고 전환이라는 단어 자체가 결과보다는 과정을 중요시한다. 가장 바람직하게는 공동체 구성원들이 스스로 그런 계획을 세우는 것이 좋다. 그러나 토트네스처럼 의식과 사회적 · 환경적 · 경제적 · 인적 토대를 갖춘 곳이 많지 않기 때문에 전환도시를 만들 수 있도록 서울시가 지원하는 것도 바람직하다. 공무원들이 전환도시 서울을 위해 정보를 제공하고, 지역공동체가 역량을 키우는 것을 지원해 시민들이 '전환의 필요성'을 느낄 수 있도록 돕는 것이다.

중요한 것은 '긍정 에너지'와 '재미'

최근 서울시에는 에너지 드림센터, 원전하나줄이기 정보센터 등이 개관해 에너지 교육과 정보를 제공하는 공간이 점점 늘어나고 있다. 성대골 에너지 자립마을을 찾는 사람들도 늘어나 에너지 자립마을에 대한 이야기가 확산되고 있다. 사람들은 '희망'과 '긍정'에 반응한다.

청주에서 탈핵운동을 하는 정호선 씨는 '해바라기 식당'을 차렸다. 한 달에 두 번, 공원에서 태양광으로 요리하는 식당을 만들어 음식을 판다. 에너지 이야기도 하면서 음식을 팔아서 번 수익금은 탈핵에너지전환운동을 위해 적립한다. 청주 YWCA에서 만든 사회적 기업 '(주)생명살림 올리'는 자전거발전기와 태양광을 설치한 에너지 카페를 운영하고 있다. 적정기술로 농촌의 에너지 대안을 모색하는 '에너지 전환 적정기술협동조합'의 탄생도 위기에 낙담하기보다는 적극적인 대안을 찾는 자세이다. 긍정적인 대안은 즐겁고 재미가 있다.

전환도시의 핵심은 질문을 던지는 것이다. "석유 없는 세상이 오면 우리의 삶은 어떻게 될까?", "핵발전소 사고가 나면 우리의 삶은 어떻게 될까?" 두렵지만 스스로 질문하고 함께 대안을 만들어가는 과정이 모두 '전환'이라고 할 수 있다. 롭 홉킨스는 "전환마을의 아이디어는 석유를 덜 쓰게 되는 것이 더 좋을 수도 있다는 역발상에서 시작되었고, 그렇다면 우리가 지금처럼 싼 석유를 쓰기 이전의 생활 중에서 무엇이 정말 좋았던가를 재발견해야 했다"라고 말한다. 그는 지역주민들의 '창의성에 기반을 둔 적극적인 참여'를 기반으로 전환마을을 일궈나갈 수 있다는 것을 강조하고, '창의성'은 그냥 나오는 것이 아니라 '재미'와 '즐거움'에서 찾아야 한다고 이야기한다. 더불어 그런 공동체활동을 활발히 할 수 있는 '제3의 공간'을 확보하는 것도 중요하다.

이제 건설과 확장의 시대는 끝났다. 오로지 소비지로서 기능하는 도시가 아니라 도시의 주거환경과 자연환경도 자연스러운 순환시스템을 갖도록 회복해야 한다. 공동체를 통한 치유와 재생의 시대를 만들어가야 하고, 지역에서 스스로 식량과 에너지, 경제에 대한 자생력을 키워나가야 한다. 생존의 조건을 갖추고 준비하기 위해 도시에서도 농업과 에너지에 대한 고민이 필요한 것이다.

서울 시내 길거리에서는 아직도 2,000원에 한 다발씩 하는 바나나가 판매되는 것을 흔히 볼 수 있다. 2,000원짜리 바나나는 세계화된 대량생산방식의 농업과 싼 석유에너지 시대를 상징하는 것이다. 어느 날 길거리에서 값싼 바나나가 자취를 감출지도 모른다. 먹을거리와 에너지 문제가 현실화된 상황이 닥쳤을 때, 그때 미래에 대한 준비를 해온 지역과 아닌 지역의 차이는 매우 클 것이다. 바로 지금, 석유 없는 서울에 대해 질문을 던지고 전환에 대한 준비를 시작해야 할 때이다.

참고문헌

노원구. 2012.8. 「탈핵에너지전환종합대책」.

서울시. 2012.5. 「에너지 수요절감과 신재생에너지 생산 확대를 통한 '원전하나줄이기' 종합대책」.

_____. 2013.6. 「서울시 원전하나줄이기 1년 성과 보고서」.

성대골사람들. 2013. 「에너지 전환을 꿈꾸는 동작구 성대골 마을 이야기」.

이유진. 2008. 『동네 에너지가 희망이다』. 이매진.

_____. 2010. 『태양과 바람을 경작하다』. 이후.

이인희·이유진·한재각. 2011. 「농촌에너지 자립형 마을 조성 방안」. 충남 발전연구원.

이창우. 2013. 「석유 없는 세상을 준비하는 전환도시 서울 추진을 위한 기초 연구」. 서울연구원.

이필렬. 2004. 『다시 태양의 시대로』. 양문.

정혜진. 2007. 『태양도시: 에너지를 바꿔 삶을 바꾸다』. 그물코.

Brangwyn, Ben and Rob Hopkins, "Transition Initiatives Primer," www. transitionnetwork.org/resources/transition-primer

Hopkins, Rob. 2008. _The Transition Handbook: From oil dependency to_ *local resilience.* White River Junction, Vermont: Chelsea Green.

_____. 2011. *The Transition Companion: Making your community more resilient in uncertain times.* White River Junction, Vermont: Chelsea Green.

Transition Town Totnes. 2010. *Transition In Action - Totnes Energy Descent Action Plan 2030.* Greenbooks.

http://www.ted.com/talks/rob_hopkins_transition_to_a_world_without_oil.html(롭 홉킨스 테드 강연)

http://www.transitionnetwork.org/blogs/rob-hopkins(롭 홉킨스 운영 홈페이지)

〈전환운동 홈페이지〉

그로우 히드로 www.transitionheathrow.com

닥터 바이크 www.doctorbike.org

더 체인지 thechange.kr

트랜지션타운 토트네스 홈페이지 www.transitiontowntotnes.org

트랜지션 연구자들의 모임 www.transitionresearchnetwork.org

토트네스 재생가능에너지협동조합 www.tresoc.co.uk

전환네트워크 www.transtionetwork.org

전환로스앤젤레스 transitionLosAngeles.org

전환런던 www.london-transition.org.uk

전환거리 www.transitiontogether.org.uk

전환마을 브릭스톤 www.transitiontownbrixton.org

지은이 **이유진**

경북대학교 경제통상학부를 졸업하고 KDI 국제정책대학원에서 정책학 석사학위를 받았다. 서울대학교 환경대학원 박사과정을 수료하고, 지역에너지를 주제로 논문을 쓰고 있다. 녹색연합에서 미군기지, 야생동물, 에너지, 기후변화를 주제로 환경운동을 했다. 서울시와 완주군의 에너지 정책 수립에 참여했고, 서울시 원전하나줄이기 실행위원회 간사로 활동하고 있다. 지자체와 지역공동체의 에너지 자립마을 만들기를 돕고 있다. 탈핵과 에너지 전환을 표방하는 녹색당 창당에 참여했으며, 현재 공동정책위원장이다. 에너지기후정책연구소 연구기획위원으로 일하면서 에너지 전환과 탈핵에 관한 이야기를 시민들에게 쉽게 전달하는 것을 목표로 꾸준히 책을 쓰고 있다.

주요 저서로 『동네에너지가 희망이다』, 『태양과 바람을 경작하다』, 『기후변화 이야기』, 『기후변화의 유혹, 원자력』, 『지구야 오늘 뭐 먹을까』 등이 있고, 번역서로 『생태발자국』, 『공기를 팝니다』가 있다.

한울아카데미 1630
서울연구원 미래서울 연구총서 03

전환도시
ⓒ 서울연구원, 2013

기획 • 서울연구원(원장 이창현)
편집위원회 • 장영희, 유창주, 이창우, 조권중, 백선혜
지은이 • 이유진
펴낸이 • 김종수
펴낸곳 • 도서출판 한울

편집 • 염정원

초판 1쇄 인쇄 • 2013년 11월 10일
초판 1쇄 발행 • 2013년 11월 30일

주소 • 413-756 경기도 파주시 파주출판도시 광인사길 153
　　　한울시소빌딩 도서출판 한울(문발동 507-14)
전화 • 031-955-0655
팩스 • 031-955-0656
홈페이지 • www.hanulbooks.co.kr
등록번호 • 제406-2003-000051호

Printed in Korea.
ISBN 978-89-460-5630-5 93330

* 책값은 겉표지에 표시되어 있습니다.